Ceder no es consentir
Un abordaje clínico y político
del consentimiento

Clotilde Leguil

CEDER NO ES CONSENTIR

Prólogo de Clara Serra

Edición a cargo de Enric Berenguer

UN ABORDAJE CLÍNICO Y POLÍTICO DEL CONSENTIMIENTO

Título original en francés: *Céder n'est pas consentir*

© Presses Universitaires de France / Humensis, 2021

© Clotilde Leguil, 2021

© Del prólogo: Clara Serra, 2023

© De la traducción: Alfonso Díez

De la corrección: Marta Beltrán Vahón

Edición a cargo de Enric Berenguer

Derechos reservados para todas las ediciones en castellano

© Ned ediciones, 2023

Primera edición: octubre, 2023

Preimpresión: Moelmo SCP
www.moelmo.com

ISBN: 978-84-19407-16-0
Depósito Legal: B 14303-2023

Impreso en Sagrafic
Printed in Spain

Ned Ediciones
www.nedediciones.com

A las y a los que se arriesgan a decir.
A las y a los que se arriesgan a escribir.

ÍNDICE

Prólogo
Clara Serra

En los últimos años una potente protesta feminista ha tomado la palabra para nombrar y señalar las relaciones de dominación que atraviesan el sexo en una sociedad patriarcal. Una voz colectiva —un «nosotras»— se ha abierto paso para romper el silencio y denunciar la complicidad con la que han contado los hombres que han podido abusar de su poder sin ver peligrar su prestigio o su reconocimiento social. En las siguientes páginas Clotilde Leguil explora el significado del lema con el que esta revuelta feminista ha tomado cuerpo en el contexto francés: «ceder no es consentir». Lo hace, por una parte, con la intención de reivindicar un concepto —el consentimiento— que se ha vuelto hoy clave para enfrentar social, política y jurídicamente la violencia sexual que padecen tantas mujeres. De un tiempo a esta parte el consentimiento parece estar en boca de todos y no lo reivindican solo las movilizaciones feministas. Es objeto de didácticas explicaciones en libros y contenidos de redes sociales, y tanto gobiernos como organismos internacionales piden que sea correctamente incorporado a las legislaciones. El consentimiento parece ser hoy un concepto protagonista que promete poder vehicular las demandas de libertad de las mujeres. Y si algo caracteriza al lenguaje oficial del consentimiento es que su valor parece estar inseparablemente ligado a la transparencia que es capaz de aportar al campo de la sexualidad. Hay un espíritu cartesiano —una presuposición de claridad y distinción— en el discurso hegemónico del consentimiento. «Cuando se trata de consentimiento, no hay límites difusos», reza el eslogan de la web ONU Mujeres. Obvio, indudable, evidente, el consentimiento promete ser una sencilla herramienta para iluminar sin error el territorio de las relaciones sexuales. «Puede que las personas entiendan el consentimiento como una idea vaga, pero su definición es muy clara [...], no hay líneas borrosas».

La primera razón por la que la obra que el lector tiene entre las manos supone una valiosa aportación es porque Clotilde Leguil, hablando desde un lugar diferente al de los discursos más hegemónicos, se embarca en una reflexión que pretende abordar sin miedo la complejidad que encierra el consentimiento. Se sitúa así dentro de una línea de pensamiento crítico en la que cabe localizar a Geneviève Fraisse y su obra *Del consentimiento*, publicado en 2007, o, más recientemente, a Katherine Angel con *El buen sexo mañana. Mujer y deseo en la era del consentimiento*, del año 2021. No son tantas las autoras que hablan para salirse del relato oficial que, instalado en una lógica moderna y contractualista, valora el consentimiento porque es claro y sencillo. Leguil invierte esa perspectiva. El consentimiento no es claro, sino oscuro y ambiguo. No es sencillo, sino extremadamente complejo. Y, sin embargo, eso no le resta valor. Más bien al contrario. «No hay consentimiento esclarecido. Esto mismo es lo bello del consentimiento». Alejada de los presupuestos ideológicos del neoliberalismo desde los que nuestra sociedad piensa el encuentro sexual, la autora de estas páginas renuncia a entender el consentimiento como un pacto consciente entre dos sujetos de la razón que conocen y saben lo que acuerdan. «Esta oscuridad del consentimiento —este "sí" que no se basa en el conocimiento, sino en una relación con el deseo— es también lo que le da su brillo. Esta no transparencia hacia uno mismo es lo que le da al consentimiento su valor y me revela que puedo decir "sí" sin poder fundamentarlo en la razón».

Para pensar lo que la autora llama el «enigma» del consentimiento hace falta, en efecto, salir del terreno meramente racional para hacer comparecer ese incómodo asunto para el paradigma contractualista moderno que es el deseo. Uno de los principales problemas que atraviesa al consentimiento, si no el más fundamental de todos ellos, es que en esta palabra habita una doblez entre eso a lo que podemos llamar voluntad —esa forma de querer de un sujeto consciente que el derecho presupone— y lo que podemos llamar deseo —un querer vinculado a eso que el psicoanálisis llama «lo inconsciente» y que no puede ser sino inaprensible y escurridizo para la ley—. Pensar el consentimiento desde el paradigma de la voluntad es pensarlo solamente desde uno de sus ángulos.

Permítaseme aquí dar un ligero rodeo que me parece necesario para comprender por qué una intervención como la de Clotilde Leguil es tan valiosa para el contexto español. Su perspectiva aterriza en una conversación feminista que viene desde hace tiempo arrastrando los efectos de un déficit teórico importante: la ausencia de diálogo entre el feminismo y el psicoanálisis. Si en el feminismo francés esa interlocución ha sido más fluida, el feminismo español se construyó desde los años ochenta en oposición al feminismo de la diferencia francés e italiano. El *feminismo de la igualdad*, principalmente encarnado en la figura de Celia Amorós, se entendió a sí mismo incardinado dentro del proyecto político moderno y el legado de la Ilustración, y reivindicó al sujeto de la Modernidad como herramienta emancipadora para la lucha de las mujeres. Desde esas coordenadas, el feminismo que ha tenido presencia académica e incidencia política en España centró sus críticas en la exclusión patriarcal que expulsa a las mujeres del espacio público y de la categoría de ciudadanía. Y entendió que, en condiciones estructurales de desigualdad, el consentimiento de las mujeres —por ejemplo, el consentimiento de la trabajadora sexual— no puede sino ser un consentimiento viciado y falseado. Para ese feminismo el consentimiento se convierte en ocasiones en un ardid del liberalismo para legitimar contratos de servidumbre en los que las mujeres ceden ante el poder del otro. Sin embargo, una mirada insuficientemente crítica de la idea misma de sujeto que presupone la Modernidad no ha armado al feminismo español de herramientas teóricas para estar en condiciones de pensar críticamente el racionalismo y el contractualismo que hoy día imperan en los discursos *mainstream* sobre el consentimiento sexual. Un feminismo desentendido por completo de las aportaciones que Freud o Lacan hicieron sobre el inconsciente puede criticar la exclusión de las mujeres de la categoría de sujeto, pero, a su vez, puede estar pidiendo la entrada a una noción de sujeto que sigue restaurando una visión masculina del mundo.

Si el consentimiento es complejo, no es solo porque una estructura social —llamémosla patriarcado— sitúe a los sujetos en condiciones de desigualdad de poder a la hora de relacionarnos con el otro. Gran parte de la complejidad del consentimiento y de su carácter inevitablemente ambiguo y opaco tiene que ver con otra cuestión estructural a menudo ausente de la teoría feminista española —llamémosla psiquismo—. Allí donde el sujeto encierra una pluralidad de instancias —el ello, el yo, el superyó, la pulsión, el goce, el deseo—, allí donde el querer de un sujeto es inevitablemente polisémico o incluso contradictorio, allí donde un sujeto puede traicionarse a sí mismo, el consentimiento, a diferencia de lo que establecen los discursos oficiales de la ONU, empieza a adquirir toda su espesura. Y es entonces cuando el imaginario liberal de un sujeto siempre dueño de sí mismo y que siempre sabe lo que quiere hace aguas y se revela completamente insuficiente para comprender la distinción entre ceder y consentir.

Clotilde Leguil atraviesa esa espesura desde la mirada psicoanalítica, ampliando la concepción del sujeto más allá de la voluntad y adentrándose en la opacidad del deseo. O, dicho de otro modo, incorporando una mirada clínica que amplía la reflexión política del consentimiento más allá de los límites de lo jurídico. La intervención de Leguil aterriza en un contexto en el que el debate sobre el consentimiento se mantiene atrapado dentro de los límites de lo que puede o no puede decir la ley. Y no por casualidad. Este es también un efecto inevitable de una perspectiva feminista excesivamente cómoda con el paradigma moderno y el sujeto que el derecho presupone: quedar demasiado adherida al marco legal y a los límites que este impone. Sin duda el derecho procede bajo la presuposición de un sujeto unitario que expresa conscientemente su voluntad, pero cualquier perspectiva crítica no puede olvidar que ese presupuesto jurídico es una ficción. Como la autora expone de manera brillante, el derecho necesita operar bajo la premisa de la claridad del consentimiento y de un sujeto que sabe a qué consiente. La noción de «consentimiento informado» revela especialmente este enmascaramiento de la oscuridad del consentimiento. Sin embargo, «el consentimiento conlleva un elemento de enigma, de desposesión de sí, que va acompañado de una ignorancia extrema hacia aquello a lo que se consiente». Todo consentimiento implica la aceptación de un riesgo y es precisamente esa incertidumbre, esa contingencia de lo que ocurrirá, la que ha de asumir el paciente que firma un consentimiento. Justamente porque no se sabe, porque no se puede saber, justamente porque decir «sí» implica un riesgo, el paciente ha de firmar un papel en el que acepta correr dicho riesgo. Más que un acto de razón clarividente, consentir implica un acto de confianza. Esta característica del consentimiento, su relación con el no saber, emerge especialmente en el terreno de la sexualidad, pero el carácter enigmático y oscuro del consentimiento sexual revela la verdad de todo consentimiento. «En todo consentimiento hay una apuesta».

Y, sin embargo, una vez asumida la complejidad del consentimiento, se trata de adentrarse en la maleza para hacer el ejercicio crítico de separar y discriminar las cosas. ¿Por qué proponerse como tarea la distinción entre ceder y consentir? De esa distinción depende que podamos seguir confiando en el consentimiento. Hace falta, por tanto, enfrentar el peligro del carácter traicionero que este concepto puede ocultar. El consentimiento bien puede convertirse en una trampa si no es pensado con todas las cautelas. Dentro del marco del liberalismo moderno la cuestión de la legitimidad del poder y la fuerza no pueden ser pensados sin invocar esta palabra. Como la autora señala, se trata de una herramienta conceptual indispensable para la filosofía política a partir del siglo XVIII. Si el Estado tiene derecho a imponer obligaciones a los ciudadanos, es porque, a través del consentimiento, es decir, mediante una adhesión subjetiva, estos se han impuesto dichas obligaciones a sí mismos. Ahora bien, lo que parece ser la condición de posibilidad de las relaciones civiles libres puede convertirse en la trampa mediante la cual un poder sádico impone la sumisión. El consentimiento puede ser instrumentalizado; «obligar al otro a dar su consentimiento es la esencia del control y del acoso totalitario», lo que borraría el límite entre «consentir» y «ceder». Es decir, puede haber cesiones forzosas aparentemente consentidas. Ahora bien, de nuevo, para combatir esa borradura funcional al poder, para rescatar la «autenticidad» del consentimiento, no basta con proclamar la claridad y la nitidez de sus límites. No, al menos, como punto de partida. De nada sirve negar la complejidad del problema. Y el problema es que el consentimiento es ambiguo, oscuro y opaco, está rodeado de zonas grises y obviar su opacidad de forma voluntarista no permite pensarlo bien. Lejos de caer en la tramposa tentación de optar por rápidas soluciones de facilidad, la autora de estas páginas se sumerge de lleno en el problema, lo asume, lo aborda y lo recorre en distintas direcciones.

A partir del enfoque psicoanalítico del consentimiento que aporta la obra de Leguil se desprenden una serie de cuestiones que me parecen enormemente valiosas para cuestionar o matizar algunas de las ideas que los actuales discursos del consentimiento están sedimentando en el debate español.

Comencemos con algunas de las consecuencias que implica hacer comparecer el deseo. Es preciso señalar que, a pesar de lo asentados que están los marcos racionales y contractualistas en el discurso político oficial, es muy fácil comprobar que en la conversación feminista actual sobre el consentimiento aparece reiteradamente una apelación al «deseo». El deseo, se dice incluso, supone ir incluso más allá del consentimiento. Allí donde consentir parece remitir a una actitud pasiva de las mujeres frente a un deseo masculino, dar la voz al deseo femenino supondría poner a las mujeres en el lugar de la acción. Según este abordaje de la cuestión, el consentimiento remitiría a un «dejarse hacer» pasivo, mientras que el deseo supondría la positividad afirmativa de un sujeto que toma las riendas en la relación sexual. ¿Pero es el deseo incompatible con toda forma de «dejarse hacer»? ¿Qué tipo de noción de deseo es esa que puede ser fácilmente abanderada dentro de un paradigma moderno y masculino? La intervención de Clotilde Leguil permite hacer una advertencia crítica de enorme importancia para los debates feministas sobre el consentimiento: que eso que dentro de una lógica mercantilista se denomina «deseo» está más próximo a lo que el psicoanálisis nombra como «goce». Y que, por lo tanto, determinadas reivindicaciones modernas del deseo —dentro de las cuales hay que inscribir el proyecto sadiano— son directamente incompatibles con el consentimiento y legitiman un orden tiránico que impone la cesión. Es enormemente relevante la advertencia de la autora de que gozar absolutamente conlleva una aniquilación del otro. Hay un deseo sádico —o un goce sádico— de raigambre masculina que, justamente en nombre del derecho al deseo, es capaz de arrasar todo a su paso. Hay formas de reivindicar el placer y el deseo —en realidad el goce— que parten de un sujeto autista y sádico perfectamente compatible con la versión más neoliberal de la modernidad. En este sentido conviene mantener una actitud crítica hacia esos discursos contemporáneos que entienden la libertad sexual en términos de «empoderamiento» y que invitan a las mujeres a conocer su placer de manera autárquica y solipsista. Hay un discurso dominante que anima a que las mujeres se liberen del dominio patriarcal por la vía de saber lo que quieren, conocer sus deseos y expresarlos claramente, lo que no hace sino restaurar la lógica moderna y contractualista de la transparencia. Frente a esta ideología del yo propia del neoliberalismo en la que se inscriben muchos de los actuales discursos del consentimiento, Leguil defiende el consentimiento ligado a la noción de feminidad de Lacan. Se opone así a esta persistente directriz que indica a las mujeres que deben convertirse en agentes autónomos desprendidos de toda vulnerabilidad y dependencia hacia el otro para defender una experiencia femenina (abierta a cualquier sujeto) desde la que consentir tiene que ver con un «desprendimiento», un «desasirse de uno mismo», «una apertura al Otro».

Frente a este modo de hablar del deseo que sigue partiendo de un sujeto asistido por el saber y la consciencia, las reflexiones de Leguil sobre las distintas formas de «dejarse hacer» son fundamentales para reconducir el debate sobre el consentimiento a un terreno en el que ese deseo que el feminismo debe defender para las mujeres no puede ser entendido al margen de la opacidad, del no saber y de la relación con el otro. El deseo no es solipsista, siempre trae lo otro o al otro a escena. Y eso quiere decir que hay una pasividad, una aparente docilidad consentida, un «dejarse hacer» que no aniquila al sujeto, sino que permite el encuentro del sujeto con su deseo. Solo desde un marco neoliberal del sujeto emprendedor podría considerarse que toda receptividad, toda espera o todo silencio en el terreno sexual implica una renuncia de la agencia de las mujeres en vez de una manera de buscar, con el otro, junto al otro, a través del otro, eso que el sujeto quiere. Para la autora «la experiencia de la feminidad tiene un vínculo, más que contingente, incluso necesario, con el consentimiento», es decir, con un «dejarse hacer que va acompañado al mismo tiempo de un goce y de una confianza en el otro».

Como apuntábamos anteriormente, la perspectiva clínica del consentimiento que aporta Leguil supone una apertura y un ensanchamiento de un debate español demasiado atado a los marcos de la ley y el derecho penal para pensar el consentimiento. Quisiera dar otro ligero rodeo para valorar el alcance y la importancia de esta ampliación. Uno de los grandes debates políticos de nuestro tiempo tiene que ver con el sentido, las causas y las consecuencias de una preocupante deriva punitivista de las democracias liberales en el siglo XXI. En las últimas décadas los códigos penales de muchos países, incluido el estado espa-

ñol, se han ido endureciendo a través de sucesivas reformas y amplia-
ciones. Lo que tiene que ver con una determinada fase del sistema neoliberal —ante el retraimiento del estado en la garantía de derechos y
protección social, los estados prometen garantizar el orden ampliando
delitos— ha permeado la imaginación política y social. Cuando el pu-
nitivismo deviene sentido común, la sociedad le encomienda al derecho penal que sea la principal vía para resolver los males sociales, y ya
no somos capaces de pensar otro abordaje de los problemas, los conflictos y los daños que no pase por el castigo. El debate sobre el consentimiento a nivel jurídico debe entrar en diálogo con esta cuestión de
época, porque, como se ha señalado desde el marco de los estudios le-
gales críticos, la violencia sexual contra las mujeres es muy a menudo
el argumento que tanto las fuerzas progresistas como las derechas y las
extremas derechas más utilizan para reforzar las políticas carcelarias.
Aportaciones como las de Aya Gruber en su libro *The Feminist War
on Crime: The Unexpected Role of Women's Liberation in Mass Incarce-
ration* (2020) o Sarah Schulman en la obra *Conflict is not abuse* (2016)
han alertado acerca de cómo el abuso sexual está siendo instrumentalizado para legitimar estados policiales que desproveen a las socie-
dades para abordar los conflictos y los daños más allá de las recetas
penales. En el contexto español, el debate sobre el consentimiento ha
quedado limitado a estos marcos al haber girado fundamentalmente
alrededor de la reformulación de los tipos penales de abuso y agresión
sexual, algo que ha conducido a la sociedad española a un debate más
centrado en cómo castigar a los victimarios que en cómo escuchar y reparar a las víctimas.

En este estado de las cosas es enormemente valiosa una intervención de Clotilde Leguil hecha desde la mirada clínica, es decir, desde la
mirada de quien trabaja en la reparación de las víctimas al margen del
ámbito jurídico y penal. Un imaginario social cada vez más propenso
a identificar todo daño con el campo del delito inviste al Estado como
única instancia de validación del dolor y el trauma. Esto consolida un

imaginario social altamente propenso a la expansión penal y que, a la vez, incorpora una ceguera para ver, nombrar y reconocer aquellos daños sobre los que el derecho no tendría nada que decir. Lo que una mirada clínica no puede dejar de recordar es que hay daños no reconocidos por la ley penal que no por ello dejan de ser profundamente traumáticos para los sujetos. Clotilde Leguil explora aquí ese «dejarse hacer» en el que el deseo de otro aplasta al sujeto y en el que la confianza que acompaña a todo consentimiento es traicionada por el otro. Ese supuesto consentimiento encubre una forma de cesión que a veces está dentro de lo que el derecho penal puede y debe sancionar, como es el caso de los menores de edad. Otras veces, cuando se trata de adultos, es posible que la ley no pueda identificar un acto delictivo allí donde el deseo de un sujeto no ha sido escuchado por otro y se ha producido un trauma, pero eso no debe invisibilizar ese territorio, sino, precisamente, abrirlo. Los límites de las acciones punibles no coinciden con los límites de la ética, y esta obra es una invitación a reflexionar sobre la responsabilidad más allá del territorio de lo que el estado puede castigar. Recuperar ese territorio como un territorio también político sobre el que el feminismo tiene mucho que hacer y que decir es de un enorme valor en momentos en los que la transformación social debe hacer por abrirse camino más allá de los límites de lo penal.

Ahora bien, si el alcance de las reflexiones que este libro aporta sobre el consentimiento nos lleva mucho más allá del ámbito penal, las aportaciones de Leguil se inscriben en un determinado contexto legal francés que explica también la importancia de esta obra. Como la autora explica en el epílogo final, tanto este texto como el libro *El consentimiento* de Vanessa Springora o *La Familia Grande* de Camille Kouchner vieron la luz en Francia cuando aún no existía una ley que estableciera una edad legal de consentimiento, aprobada finalmente en el año 2021. Para el lector español es probable que resulte extraño que las leyes francesas hayan considerado durante tanto tiempo que los menores de edad estaban en condiciones de consentir relaciones sexuales con adultos a menos que existiera una coacción violenta. En efecto, la legislación francesa ha mantenido hasta prácticamente ayer una noción de consentimiento que volvía indistinguible el consentir y el ceder, y ese contexto jurídico explica también el valor de un libro que se hace cargo de la tarea de rescatar una noción de consentimiento que no pueda funcionar como una trampa legitimadora de las relaciones de poder. La idea de consentimiento que sostiene Leguil, alejada del paradigma racionalista del «consentimiento informado» y vinculada a un acto de confianza en el otro permite entender el trauma sexual como algo que tiene que ver con una traición por parte de quien abusa de su poder. En el caso de los menores, especialmente expuestos al abuso por parte de adultos en quienes confían, es un avance que la ley les proteja de tener que dar o no dar su consentimiento. En el caso de las mujeres adultas, que es el sujeto que cualquier lector español tiene en mente a la hora de pensar hoy día sobre el consentimiento, las conclusiones no pueden ser exactamente las mismas. En el plano netamente jurídico, tan equivocado es tratar a los menores de edad como adultos como lo es tratar a los adultos —o a las mujeres— como menores de edad. De hecho, la protección de los menores depende justamente del mantenimiento de esta diferencia. La ley sí debe tratar a las mujeres adultas como sujetos capaces de dar o retirar su consentimiento porque el riesgo de no hacerlo es asumir nuestra infantilización. Sin embargo, en ese delicado territorio de la sexualidad en el que los sujetos nos volvemos vulnerables al otro, seguiremos exponiéndonos a ser arrasados y dañados por el otro y, más allá de la minoría de edad, «consentir» seguirá pudiendo encubrir a veces algo que más bien deberíamos llamar «ceder». El derecho es irrenunciable, pero es también precario, y el consentimiento a nivel legal es un continente jurídico extremadamente imperfecto para albergar la opacidad que recorre toda relación sexual. Esta obra abre algunas de las puertas que debemos atravesar para ir más allá de donde hasta ahora hemos ido en el debate sobre el consentimiento en nuestro país. Algunas advertencias son especialmente valiosas para caminar en esa dirección. Recordemos que la voz de «las mujeres» ha servido para romper un silencio, pero que también puede a veces silenciar determinadas experiencias particulares. Recordemos que la ley puede combatir abusos patriarcales injustos, pero puede también secuestrar la agencia que los sujetos tienen más allá de la protección del Estado y del castigo penal. Es necesario recordar que solo más allá del «nosotras» puede emerger la palabra —o la escritura— de un sujeto singular. Como es necesario recordar que solo más allá de un sistema judicial que obliga a los sujetos a hablar se puede escuchar el silencio y acompañar esa imposibilidad de decir que caracteriza al trauma sexual. Lo que la clínica psicoanalítica pretende indagar sobre el consentimiento es justamente lo que no tiene cabida ni en un grito colectivo ni en la sala de un tribunal.

I
El «Nosotras» de la revuelta, el «Yo» del consentimiento

Este ensayo, bajo el título *Ceder no es consentir*, se inscribe en una actualidad política, la de la globalización de la liberación de la palabra de las mujeres desde 2017. El movimiento #MeToo marca un punto de inflexión en la historia del feminismo, el punto de inflexión de una nueva liberación *mediante* las redes sociales, el universo de la web y la temporalidad acelerada que los acompaña. Nos obliga a reflexionar sobre la novedad del fenómeno y a intentar analizar sus efectos.

El movimiento de los «*Collages* feminicidios», con letras negras sobre fondo de papel blanco, que hacen hablar a los muros de nuestras ciudades y hacen resonar aquí y allá el enunciado «Ceder no es consentir», se suma al primero. Es un «no» visual, propuesto para ser descifrado, como un mensaje que viene de otra parte y que ya no puede ser ignorado: su orientación de fondo es una revuelta contra la instrumentalización del cuerpo de la mujer al servicio de un goce que puede llegar hasta la abolición de la vida de una mujer.

Pero este ensayo se inscribe también en una actualidad literaria que ha suscitado un nuevo cuestionamiento, en primera persona, sobre el consentimiento en materia de amor y sexo. Esta actualidad me ha llevado a interrogarme, más generalmente, como mujer, filósofa y psicoanalista, acerca de las fuentes del consentimiento en la existencia.

Mientras que la revuelta de «Nosotras las mujeres» enuncia un «no», la escritura del «Yo» explora la ambigüedad de un «sí». En el origen de este ensayo está un contraste entre lo que dicen los muros de la ciudad, en los que «ceder» y «consentir» son marcados con el signo de la diferencia, y un relato testimonial sobre *El consentimiento*,[1] que da cuenta de los efectos de un abuso que no fue vivido como tal en su momento, sino solo *a posteriori*. Por último, la publicación del libro de Camille Kouchner, *La Familia Grande*,[2] me lleva a plantear una última pregunta: ¿en nombre de qué consentimos? Volveré a ocuparme de ello al final de mi recorrido. Camus consideraba la revuelta como un «no» que es también una afirmación. «En suma, este *no* afirma la existencia de una frontera»,[3] escribió al principio de *El hombre rebelde* en 1951. La existencia de la frontera entre «ceder» y «consentir» será el tema de mi ensayo. Es la frontera afirmada por el «no» de la revuelta de las mujeres del siglo XXI, que la literatura y el psicoanálisis pueden explorar para demostrar su opacidad.

Consecuencias psíquicas del movimiento #MeToo

La dimensión política que voy a descifrar toma su punto de partida, por tanto, en lo que podemos llamar la entrada en una nueva era, la del movimiento de liberación de la palabra de las mujeres a través de #MeToo. Este movimiento, seguido del testimonio impactante y valiente de algunas actrices como Adèle Haenel, ha sacado a la luz una verdad hasta ahora silenciada: la amplitud de la práctica del acoso en el mundo del cine, de la empresa, de la política y en otros ámbitos. Y en todas partes. *All over the world*. Esta revelación sobre los hábitos de algunas personas que, desde su posición de poder, se sienten autorizadas a decir «sí»

1. Vanessa Springora, *Le Consentement*, Grasset, París, 2020. [Trad. cast.: *El consentimiento*, Lumen, Barcelona, 2020].
2. Camille Kouchner, *La Familia Grande*, Seuil, París, 2021. [Trad. cast.: *La familia grande*, Península, Barcelona, 2021].
3. Albert Camus, *L'Homme revolté*, Gallimard, «Folio essais», París, 1951, pág. 27. [Trad. cast.: *El hombre rebelde*, Random House, Barcelona, 2022].

a sus propios impulsos sin tener en cuenta el deseo del otro se ha extendido con una rapidez sin precedentes después de tantos años, incluso siglos, de silencio.

Pero el momento de la literatura, el de la narración, aquí en primera persona, también es necesario y nos sumerge en el corazón de esta distinción entre «ceder» y «consentir». La literatura nos introduce a algo más: a ese mundo íntimo y misterioso del consentimiento. En la escritura, a quien volvemos a encontrar es al sujeto. Con la escritura, nos encontramos también con lo que Geneviève Fraisse ha analizado acerca del consentimiento como «índice de la verdad del sujeto».[4] Lo que me interesa es la complejidad de esta empresa, la de interrogar la verdad del sujeto y dar testimonio de la verdad del trauma. Pues, ciertamente, el debate se centra en este punto: qué lugar dar a la palabra de un sujeto que ha sufrido un mal encuentro y que testimonia de ello, no solo en el ámbito jurídico, sino más ampliamente ante el otro, un Otro capaz de oírlo.

Por tanto, donde deberemos situarnos es entre el «Nosotras» de la revuelta y el «Yo» del consentimiento. Este doble requerimiento conforma el clima de nuestro tiempo. Cada uno, mujer u hombre, gusta más de posicionarse, o del lado del «Nosotras», o del lado del «Yo». He dicho «clima», como también podría decir estado de ánimo. Es una época de rabia y de revuelta ante lo que se hace con el cuerpo de las mujeres, pero también época de liberación de una palabra distinta a través de la escritura, a través de la literatura, que intenta situar lo indecible en la cuestión del amor, el deseo y el goce. Ya no es la ira lo que sirve de motor, sino la necesaria exploración de un trauma, de su verdad y de su opacidad, para poder regresar de él.

Ha hecho falta este movimiento colectivo de mujeres contra el acoso, esta insurrección que es de un nuevo tipo, porque se ha sostenido

---

4. Geneviève Fraisse, *Du consentement*, Seuil, París, 2017, pág. 135.

en las redes sociales, en el mundo virtual y viral, para allanar el camino hacia algo distinto. Es como si se hubieran dado etapas lógicas diferentes. Un primer tiempo, el del colectivo, el del «no», también el del «Nosotras», con su fuerza y su poder propios; luego un segundo tiempo, que sería el del «Yo», el de la singularidad del trauma, el desciframiento de los efectos indecibles de un mal encuentro sexual y la ambigüedad del consentimiento. Sin vergüenza. Porque la vergüenza había sido devuelta a su remitente.[5] Este segundo tiempo es crucial. Porque da otro lugar al «Nosotras» de la revuelta.

Me explico. El «Nosotras las mujeres» suscitó inmediatamente, dentro del propio movimiento político de revuelta, divisiones entre quienes se reconocían en ese «Nosotras» del #MeToo y otras que no se veían reflejadas en él, o no de esa manera, no en ese tono, no dentro de ese régimen de denuncia «en general» de la dominación masculina y el patriarcado. Este «Nosotras», que emana de un auténtico deseo de modificar la condición del cuerpo de las mujeres y obtener el reconocimiento de su voz, pudo hacer creer también en una utopía: todas hemos vivido lo mismo, todas podemos denunciarlo juntas y, cuanto más numerosas seamos, más nos libraremos de lo traumático de esta experiencia; en suma, más liberadas estaremos.

Sin embargo, esta comunalización, esta asunción colectiva del trauma, también tiene sus límites. Si bien ha permitido el reconocimiento de una práctica de apropiación del cuerpo de las mujeres, no desemboca en un reconocimiento singular del trauma de cada mujer. No es posible decir todas juntas el sufrimiento. Es posible gritar «no», pero luego debemos abrir el camino a la experiencia única de cada una, para asegurarnos de que el primer «Nosotras», el de un «no» legítimo, no se convierta en un «Nosotras» superyoico, el del superyó autoritario

---

5. Sobre este punto, véase el testimonio de Sarah Abitbol, *Un si long silence* (Plon, París, 2020).

que quiere someter a cada mujer a una versión idéntica de su trauma, a una explicación común, a un discurso uniforme sobre las causas y los efectos, sobre la relación con el amor y la sexualidad, sobre el encuentro con un *partenaire*, sobre los poderes del amor y el deseo, así como sobre el encuentro con un perverso. En definitiva, la adhesión en masa a un «Nosotras» —como si todas fuésemos iguales— puede volverse en contra del impulso inicial de la revuelta.

Aquí es, por tanto, donde me gustaría situar esta reflexión. Desde este «Nosotras» de la revuelta, en la medida en que se ha abierto hacia otra cosa, hacia el «Yo» de la palabra y de la escritura, se puede decir lo que la revuelta por sí sola no dice. La revuelta no entra en detalles. Este mismo hecho contribuye a su fuerza. Se transmite de una a otra y requiere un apoyo en masa. Pero el detalle es la vía de acceso hacia el lugar de la verdad y lo real del trauma. Por tanto, voy a contemplar este «Nosotras» de la revuelta de las mujeres contra el acoso sexual desde la vía abierta a un «Yo» íntimo. Gracias al «Nosotras» que le precedió, el del movimiento #MeToo, el «Yo» ya no tenía que esconderse en la vergüenza de no saber a qué había cedido o consentido. Podía escribir y ser publicado.

El paso del «Nosotras» al «Yo» ha producido, por tanto, efectos que van más allá del reconocimiento político. La literatura testimonia una experiencia del abuso, el acoso o la violación en primera persona. Testimonia la necesidad de encontrar un lenguaje singular para decir lo que me sucedió. La literatura nos hace pasar, desde el poder de lo colectivo y de lo digital actual, capaz de transformar la opinión, al poder de la palabra escrita y el lenguaje de una sola, que puede hacer resonar lo indecible del trauma. Al hacerlo, toca un punto íntimo en cada cual. Por lo tanto, es también la poesía de las palabras, el poder insurreccional del lenguaje, lo que permite reconocer, lo que permite indicar en qué punto íntimo de la verdad del ser ha sido golpeado el sujeto por el trauma sexual, en qué lugar de su historia se ha insertado el acontecimiento para inscribir allí una huella indeleble.

¿Qué me lleva a dar mi consentimiento? ¿Qué es este movimiento que parte de lo más íntimo del sujeto, de lo experimentado en el cuerpo, y lleva a remitirse al deseo de otro para encontrar el propio deseo, el propio ser, vía el amor y el goce? Lo que se activará en este ensayo es el cuestionamiento de la imposibilidad de atravesar una existencia sin pasar por esa experiencia de apertura al otro que es el consentimiento. Se afirmará el necesario reconocimiento del trauma psíquico y sexual, que no tiene su raíz en el consentimiento, sino que responde, por su propia naturaleza, a una traición al consentimiento. Demostrar el valor del consentimiento, pero también su carácter ambiguo y a veces enigmático para el propio sujeto que consiente, es lo que haré al sumergirme en este universo opaco del consentimiento de un sujeto.

Efectos paradójicos de la liberación sexual

En enero de 2020 se publicó un relato que constituyó un acontecimiento, un relato-travesía que nos sumerge, por primera vez de esta forma, en el mundo opaco del consentimiento. Se trata del relato de Vanessa Springora, quien, bajo el título *El consentimiento*,[6] cuestiona el «sí» que la llevó a vivir un verdadero abuso. Mediante su escritura, ella sigue los meandros del consentimiento de una muchacha muy joven a algo que no era en absoluto amor. Esta historia nos obliga a cuestionar el deslizamiento posibilitado por la propia opacidad del consentimiento —deslizamiento del deseo a la pulsión, deslizamiento del encuentro amoroso a la experiencia del abuso—. En *El consentimiento*, Vanessa Springora explora *a posteriori* la red en la que se vio atrapada, desde el deseo que sintió y lo que confundió con un encuentro amoroso hasta la trampa que se cerró sobre ella.

---

6. Vanessa Springora, *Le Consentement, op. cit.*

Ciertos encuentros participan del despertar de los sueños. A veces se dan las circunstancias para que el sujeto se deje llevar hasta tal punto que ya no tenga medios para volver atrás. Cuando los sueños se despiertan y el cuerpo se compromete, ya nada será como antes. Pero en el mal encuentro que es objeto de este relato, el despertar experimentado por el sujeto, presa de un hombre que la instrumentaliza al servicio de su goce, desde el pedestal de sus cincuenta años cuando ella aún no ha cumplido los quince, será un verdadero allanamiento, aunque ella no tiene medios para decirlo cuando se pone en marcha el escenario. La escritura busca entonces, treinta años después, dar cuenta de lo sucedido, que nada tiene que ver con la experiencia del amor. Pero ¿cómo saberlo cuando es la primera vez?

La lectura de *El consentimiento* es, por tanto, una inmersión en la «primera vez», una inmersión en el descubrimiento de la sexualidad para una joven, una inmersión en las consecuencias de una pérdida no consentida de la virginidad. Se trata, aunque en ningún momento se exprese un sentimiento de odio, de un encuentro traumático y de perversión. Por lo tanto, lo que me interesa en este relato es el misterio del consentimiento y todo lo que puede decir acerca de la vida concreta de un sujeto sexuado, el misterio del consentimiento y su articulación con una forma de goce femenino.

En última instancia, este relato trata también de una época —finales de los años 1970 y los años 1980— en la que todo parecía permitido y en la que no siempre se sabía distinguir entre el trauma sexual y el encuentro y sus misterios. Una época en la que algunos intelectuales pedían la liberación de hombres acusados de corrupción de menores, mientras que poco antes —en pleno mayo de 1968— no se había formulado ninguna petición en favor de una mujer de 30 años, profesora enamorada de un alumno, que fue encarcelada y a quien incluso se le prohibió dar clases. Es una época muy bien caracterizada por el escritor Simon Liberati en 2015, unos años antes del relato de Vanessa Springora, en su libro *Eva*, como tiempos en los que «la vieja impostura sadiana aboga por la libertad para esclavizar con mayor comodidad al objeto de su concupiscencia».[7] En este ensayo se habla, en efecto, de Sade y de la «moral» sadiana, que es tan cruel como la moral de la renuncia a la sexualidad. Incluso, de creer a Lacan en su escrito «Kant con Sade», no es sino su inversión. El imperativo de gozar absolutamente abre las puertas a la aniquilación del cuerpo del otro.

Paradoja de esta época, surgida de la revolución de Mayo del 68 y que duró desde los años 1970 hasta aproximadamente los 1990, época llamada de liberación sexual. ¿En qué consiste exactamente esta liberación? ¿Hasta dónde puede abrirse camino el goce sin tener en cuenta la presencia del otro, el deseo y el cuerpo de quien se convierte en objeto? Esto es también lo que debemos interrogar en el aforismo «ceder no es consentir». ¿Qué quería esta época? Una época al mismo tiempo alegre, creativa, emancipada, hecha de novedad y de rechazo de la austeridad de la autoridad tradicional, de rechazo del conformismo y de elogio de la imaginación, una época envidiada en ciertos aspectos por su fuerza vivaz y su libertad, envidiada en relación con la nuestra, golpeada por nuevas normas. Época de los años 1980 que también yo viví en mi adolescencia.

En efecto, ¡qué contraste entre el clima de principios del siglo XXI, cuando el enfoque del tema empezó a cambiar poco a poco, pretendiendo ser más cuantitativo, más «neuro» que «psi», más objetivo que político, y el de los años 1970-80, marcado por el sello de la efervescencia y la libertad! Pero, en retrospectiva, surge una pregunta: ¿no estaba también aquella época cegada por el goce como por un nuevo dios? ¿Cómo entender aquel llamamiento al goce, a la liberación sexual, que algunos convertirían en un ideal de dominio de la sexualidad, sin tener en cuenta a la pareja, al otro, a las mujeres en particular, pero también a los niños y adolescentes, olvidando preguntarse por el

7. Simon Liberati, *Eva*, Le libre de poche, París, 2016, pág. 165.

consentimiento de un sujeto, su propio deseo, excluyendo así de su espectro la cuestión de la feminidad, pero también la del despertar a la sexualidad como una aventura que no es en modo alguno cuestión de educación?

En efecto, todo parecía confundirse entonces: el deseo y la pulsión, el encuentro amoroso y la educación sexual, la emancipación sexual y la libertad de abusar de los demás, la transgresión amorosa y el crimen incestuoso. Es como si, durante algunas décadas, «ceder» hubiera significado «consentir» en beneficio de unos pocos que buscan gozar sin preocuparse por el deseo del Otro, instrumentalizando su consentimiento. Como si la reivindicación de la libertad sexual hubiera producido también un punto ciego en el campo de visión de las relaciones sexuales: no ver el abuso, no hablar de él, actuar como si el deseo de uno legitimara el abuso del otro, actuar como si la sexualidad infantil descubierta por Freud sirviera como autorización para el goce del cuerpo de otro, con independencia de su edad o su capacidad para responder, para rechazar. Querer olvidar a toda costa que el «consentimiento del otro»[8] puede alzar un obstáculo contra este derecho al goce, para decirlo con François Regnault.

El consentimiento también vuelve a hablar de aquella época. Lo bello de la historia del relato de Vanessa Springora es que nos sumerge en la oscuridad del consentimiento para el propio sujeto que ha consentido. También arroja luz sobre la distinción entre «ceder» y «consentir» desde dentro. Porque ella consintió a algo que no tiene relación con aquello a lo que tuvo que ceder. Ella misma asume esta contradicción al preguntarse: «¿Cómo se puede admitir que han abusado de uno cuando no se puede negar haber consentido [...], cuando se ha sentido deseo?».[9] Es en el interior de la experiencia de un consentimiento trai-

8. François Regnault, «Laissez-les grandir», *La Cause du désir*, vol. 2, n° 105, 2020, pág. 9.

9. Vanessa Springora, *Le Consentement, op. cit.*, pág. 163.

cionado donde quiero situar la distinción entre «ceder» y «consentir». Porque ha sentido deseo es por lo que el sujeto se siente luego perdido. ¿Qué ha pasado? ¿Qué le ocurrió para que el surgimiento del deseo se convirtiera en una pesadilla?

¿Por qué esperó tanto tiempo, casi treinta años, para escribir sobre aquella primera vez? Se requerían nuevas condiciones políticas, capaces de acoger esta historia sin que el riesgo asumido por la autora se volviera contra ella. De modo que fue preciso un cambio de siglo. El movimiento de liberación de las voces de las mujeres sobre el acoso sexual abrió un camino a la posibilidad de acoger este relato. Es obligado reconocer que este movimiento, por su peso, su dimensión mundial y su alcance sin precedentes, ha cambiado las cosas. La propia Vanessa Springora así lo señala. Fue necesario este movimiento para hacer posible la publicación de su relato. Pero, desde un punto de vista más íntimo, también hizo falta tiempo, mucho tiempo, para que los efectos devastadores de aquella experiencia se pudieran superar, para poder ir más allá; hizo falta un encuentro con el psicoanálisis y también algunos buenos encuentros en la existencia, para recuperar la fe en la palabra, la confianza en el deseo y el impulso hacia la escritura.

¿En qué sentido ha cambiado el movimiento #MeToo las condiciones para que las mujeres hablen? Yo diría que el «todas juntas» ha permitido salir de la complejidad de la exigencia de reconocimiento de un trauma que se exige que sea demostrado. Como si lo que se estaba reconociendo a través del movimiento #MeToo fuese la dimensión generalizada de la práctica del acoso, antes que el problema de las consecuencias traumáticas de un mal encuentro para una sola. Antes de explorar los efectos del trauma, fue necesario pasar por una avalancha de revelaciones. «Víctimas, os creemos». Más allá de la cuestión de la verdad, se trataba de dar a conocer la realidad de una práctica a la que se enfrentan miles de mujeres.

Si te creen, entonces puedes decir. Vanessa Springora pudo escribir sobre este abuso desde su propio consentimiento. Es con esta palabra, *consentimiento*, con lo que explora aquel decir «sí» mientras su cuerpo decía «no». Este relato trata de un pacto corrompido, de la traición de un consentimiento dado por una joven de quince años a un hombre de cincuenta en el que ella creyó reconocer a un amante, un primer amante, mientras que este era, por su parte, un depredador. Se trata de un momento de despersonalización y desaparición subjetiva.

¿Por qué el psicoanálisis? ¿Podría hacer algo la palabra? Sí, porque «consentir» y «ceder» son asuntos de cuerpo y de palabras, también del inconsciente y de la pulsión. Entonces, hace falta un lugar para poder decir lo que no se puede decir en ninguna otra parte: los efectos *a posteriori* del trauma, a veces la vergüenza, la angustia, la inhibición, las marcas dejadas en el cuerpo, la fractura subjetiva. Esta última exige ser reconocida en condiciones particulares de palabra que no pueden ser públicas. Aquí, las redes sociales deben dar paso a otro espacio. La palabra pública no puede tomar a su cargo los efectos singulares del trauma. Ya no es posible decirlo «todas juntas». Porque ya no se trata de decir «no», sino de decir «sí» a una inmersión en el enigma de las huellas que el acontecimiento dejó en el cuerpo.

«Ceder no es consentir» es un enunciado que puede ser descifrado, cuestionado, diseccionado desde el abordaje que el psicoanálisis permite del trauma. Esto es lo que me propongo demostrar. A menudo se ha abusado del psicoanálisis en un momento en que la liberación sexual también intentaba utilizar el descubrimiento de Freud y la teoría de Lacan para legitimar todas las manifestaciones de la pulsión en nombre de una voluntad de gozar. Quiero mostrar que el psicoanálisis, precisamente, nos permite establecer una distinción ética entre deseo y pulsión, entre consentimiento y forzamiento del consentimiento, entre los meandros de la aventura amorosa y sexual y el abuso del cuerpo del otro.

Retomar, para explorarlo, el delicado límite entre «ceder» y «consentir» me llevará y nos llevará a un terreno que es a la vez clínico y político. Pues el consentimiento, antes de ser reconocido como un asunto de amor que concierne por derecho propio a los sujetos femeninos, ha formado parte del ámbito político, el del contrato social y la salida del poder patriarcal.

Del «Nosotras» político al «Nosotras» del pacto de amor

Se tratará, pues, de «Nosotras», el «Nosotras» de quienes han tomado la palabra en la red denunciando la apropiación del cuerpo de las mujeres *sin* su consentimiento. Pero también se tratará de otro «Nosotras», el del encuentro amoroso, el «Nosotras» del encuentro con una palabra singular, el «Nosotras» de una conmoción en el cuerpo provocada por el encuentro con otro cuerpo, que puede hacer zozobrar. Este «Nosotras» del encuentro amoroso no es necesariamente un «Nosotras» de reciprocidad. Desde luego, no es un «Nosotras» de la fusión. En el amor, ciertamente, a menudo hay asimetría, discrepancia, incomprensión, choque, pero sin embargo hay consentimiento. Hay un «Nosotras» que transforma el ser cuando se lleva a cabo la experiencia de un verdadero encuentro. Es un «Nosotras» que permite al sujeto atracar en el mundo del Otro, a partir de una palabra particular que hace resonar lo que ningún ser le ha dicho antes. Un «Nosotras» que compensa la extrañeza del impulso sexual.

Este ensayo tratará, pues, del «Yo» en la medida en que consiente y recoge en su cuerpo los maravillosos efectos del consentimiento. Porque el consentimiento siempre es en primera persona. No hay consentimiento posible para quien rechaza hablar en primera persona. El consentimiento es tanto un desposeimiento del sujeto como un acto en primera persona.

Pero también se tratará de algo que está más acá del «Yo», es decir, el cuerpo que puede experimentar una intrusión cuando el otro opera un forzamiento no consentido.

La disarmonía en materia amorosa y sexual, que hizo decir a Lacan que no hay «relación sexual», no debe conducir a desconocer el trauma. Decir que cada uno tropieza con la «no relación sexual» no significa que el forzamiento sea la vía real hacia la sexualidad. No existe una armonía preestablecida entre dos seres, sea cual sea su sexo, su edad, su historia, su estilo, su entorno. Por supuesto. Pero, por otra parte, puede haber forzamiento e irrupción cuando uno obedece a una lógica pulsional contra el deseo del otro. De esto es de lo que se trata.

Si bien siempre hay una forma de exceso y de transgresión en el goce, si bien la experiencia del goce no obedece a ninguna regla, el forzamiento, la violencia, la coacción no tienen ninguna relación con un goce consentido por el cuerpo del otro.

La dimensión del amor es lo que puede permitir al goce de uno consentir el deseo del otro. La ausencia de amor es lo que puede hacer surgir un goce traumático, cuando un ser cede a la exigencia de otro sin consentir a ella. En este sentido, el goce de uno no es signo de amor. Este signo del amor se encuentra en otra parte. Si falta este otro lugar, solo queda el encuentro con un goce exigente e impuesto. Un goce absoluto. Hay terror y espanto, asco y vergüenza.

Con razón las mujeres del siglo XXI hacen oír su grito de rebelión. La web ha hecho posible que su «no» resuene más allá de las fronteras. «Yo me rebelo, luego somos»,[10] escribió Camus. Las mujeres que se han enfrentado a esta experiencia de acoso sexual han encontrado la forma de convertir su trauma en una herramienta política. El «somos», en forma de «yo también», #MeToo, ha permitido alojar en un mismo lugar el «no» de quienes se habían visto privadas de la palabra durante tanto tiempo.

Lo que queda por interrogar es lo que viene después del #MeToo.

10. Albert Camus, *L'Homme révolté, op. cit.*, pág. 38.

Queda por dar un valor al «sí». ¿Cómo conseguir que la revuelta, el «no», se abra también a un acto creativo y no solo desemboque en una guerra entre sexos? ¿Cómo conseguir que el «yo consiento» conserve su valor de experiencia singular creadora de un mundo nuevo?

II
El enigma del consentimiento

No hay consentimiento esclarecido. Eso mismo es lo bello del consentimiento. El consentimiento conlleva un elemento de enigma, de desposesión de sí, que va acompañado de una ignorancia extrema acerca de lo que se consiente. Un despojamiento, incluso. El consentimiento, como acto del sujeto, es una apertura al otro, un riesgo asumido en dejar que el otro cruce la frontera de la propia intimidad. En esto, el consentimiento es siempre un salto: sin saber, confío en el deseo del Otro. Sin saber, creo en su palabra. Sin saber, confío en su deseo. Esta oscuridad del consentimiento —este «sí» que no se basa en el conocimiento sino en una relación con el deseo— es también lo que le da su brillo. Esta no transparencia hacia uno mismo es lo que le da al consentimiento su valor y me revela que puedo decir «sí» sin poder fundamentarlo en la razón. De donde surge el consentimiento auténtico es del misterio que puedo llegar a ser para mí mismo, cuando estoy atravesado por un deseo.

Oscuro consentimiento

El consentimiento siempre da miedo. La angustia siempre puede surgir después. También antes. La inquietud. ¿Este consentimiento me salvará o será mi perdición? No lo sé. Pero al mismo tiempo, siento el carácter irresistible del consentimiento como una opción viva. El consentimiento me sorprende porque también es el impulso de la vida. El consentimiento al Otro, a su palabra, a su cuerpo, a su deseo, redefine mi ser como abrazo, cuerpo conmovido, fuerza viva. Un cuerpo que es aspirado, pero también revivido por el Otro. El vértigo del consentimiento, este *cum-sentire*, que me arranca de la soledad, reside también en la experiencia de una privación. Estoy sin protección. Ya no me pertenezco a mí misma. Estoy en otra parte. Otra para mí misma. No experimento tanto un acuerdo con el otro como un acuerdo con mi cuerpo conmovido por el otro. Digo «sí» a lo que se manifiesta como vida en este cuerpo que es el mío y que se me presenta como extraño.

Y esto en una dulce penumbra. Aquel a quien consiento comparte entonces el enigma de este consentimiento. Le da la bienvenida. No sabe por qué digo «sí», pero cree en mi consentimiento sin que llegue a ser del orden de un acto claro y racional. Por tanto, la opacidad de mi consentimiento también puede ser experimentada por el otro como extraña y confrontarlo con esa parte de un ser que siempre se escapa en el encuentro amoroso. El narrador de *La Prisionera* ama a Albertine y, al mismo tiempo, siente celos de ella. Percibe claramente que su consentimiento no lo dice todo de ella. Esto no significa que sea «toda» suya. La chica que ha visto en la playa de Balbec, dentro del pequeño e insolente grupo de chicas que corretean por la playa, saltando incluso sobre el cuerpo tendido de un anciano, esta chica consiente en amarlo. Pero lo que atormenta al narrador es que ella en su consentimiento se le escapa. Creía que bastaría con conocerla y que ella le dijera «sí», para que él la poseyera. Pero este «sí» no puso fin al enigma que es para él Albertine.

El narrador experimenta lleno de celos la opacidad de este consentimiento, que no lo dice todo sobre la vida de Albertine, su propio deseo, su vida íntima con los demás, sin él. El consentimiento de Albertine no hace sino renovar su carácter inaprensible. El narrador percibe que Albertine consiente más allá de él. No deja de interrogarla sobre esa vida misteriosa que lleva con los demás, especialmente con sus amigos, sobre todo con Andrée, la hija de Vinteuil, y con todos aquellos de quienes no le habla. Su consentimiento al deseo y al amor con él no se detiene en los límites de su relación. Los celos que experimenta le llevan a impostar su indiferencia. Le gustaría hacerla prisionera de su consentimiento exclusivo, invitándola al mismo tiempo a confesar lo que ella se niega a decirle. La ama como al pájaro que siempre se escapa de su jaula, el «pájaro maravilloso de los primeros días»,[1] mientras que al mismo tiempo intenta convertirla en prisionera de su propio mundo.

El enigma del consentimiento en el amor y sus efectos

La noción de «consentimiento informado»[2] invocada especialmente en el ámbito de la práctica médica enmascara esta opacidad del consentimiento, perceptible en el ámbito del amor y la sexualidad. Hace que se olvide. ¿De dónde viene la idea del consentimiento «informado»? En esta formulación, el registro del «sentir» específico del consentimiento queda cubierto por el de la racionalidad. Por «consentimiento informado» se entiende el consentimiento resultante de un acto de razón. La iluminación proviene de las luces de la razón como facultad que me permite saber lo que digo y hago. Esta noción de «consentimiento informado» es contemporánea de una práctica de la medicina en la que, paradójicamente, existe una forma de desconfianza en la relación entre paciente y médico, así como entre médico y paciente. Va acompañada de una demanda de transparencia que devuelva la confianza perdida en el Otro. Se requiere el consentimiento informado del

---

1. Marcel Proust, *Albertine disparue*, en *À la recherche du temps perdu*, t. VI, Gallimard, Bibliothèque de la Pléiade, París, 1989, pág. 56. [Trad. cast.: *La fugitiva*, en *En busca del tiempo perdido*, tomo 6, Alianza, Madrid, 2020].
2. En francés, *consentement éclairé* sería más bien «esclarecido», «iluminado», con connotaciones distintas de las de la expresión corriente en español: consentimiento informado. [N. de T.]

paciente para que acepte la parte imprevisible que siempre supone el acto médico, de tal modo que no le sea ocultada por el médico. Es necesario como protección y garantía. También es correlativo de un deber, de una obligación del médico de informarle y de no tratarlo sin dar cuenta de lo que decide hacer para curarlo. Se supone que la palabra del médico debe ser transparente y no velar las condiciones en las que presta la asistencia, pero también se supone que el paciente debe dar su consentimiento con pleno conocimiento de causa. «Consentimiento informado» significa aquí que el paciente ha sido informado de los riesgos que conlleva, es consciente del carácter inesperado de ciertas respuestas del organismo a la intervención médica y quirúrgica.

«Consentimiento informado» significa que el paciente ha sido advertido y ha aceptado el riesgo. Significa que se le informó de antemano, que en cierto modo sabía con toda transparencia a lo que se arriesgaba.

Pero, en realidad, el paciente consiente sin saber.

El adjetivo *esclarecido* nos hace creer en una base racional para el consentimiento. Pero este adjetivo, que apela a la luz arrojada sobre el consentimiento, intenta hacernos olvidar el origen oscuro del consentimiento del sujeto, ese *cum-sentire*, ese «sentir con el otro en confianza». El consentimiento tiene que ver con el encuentro con un Otro y el efecto que este encuentro puede producir en mí. «El consentimiento, explícito o implícito, exteriorizado o supuesto, sigue siendo una cuestión ligada a la intimidad del sujeto»,[3] por decirlo con Geneviève Fraisse. Este adjetivo, *esclarecido*, que apela a la Ilustración y a la responsabilidad de cada individuo, califica el consentimiento y lo eleva al nivel de un acto de la razón. Pero ¿no será para hacernos olvidar que no existe ninguna base racional para el consentimiento que se pretende a toda costa que sea «ilustrado»? ¿No es para borrar el hecho de que el consentimiento tiene sus razones que la razón desconoce? Esta

3. Geneviève Fraisse, *Du consentement, op. cit.*, pág. 24.

ausencia de una base racional para mi acto, esta elección absoluta del consentimiento sin justificación puede provocar miedo.

El consentimiento informado del paciente es, por tanto, necesario en medicina para explicitar la confianza supuesta. Debo haber aceptado la contingencia de lo que puede ocurrir para que el médico también esté protegido en caso de imprevistos, de tal modo que yo no pueda actuar legalmente contra él, argumentando que no sabía. En realidad, no sabía y no puedo saberlo. Este «sí» no se basa en un «sabía el riesgo que corría», sino en la confianza en la ética y los conocimientos del médico. Por tanto, este «sí» nunca significa «lo sabía», sino «te reconozco». A ti puedo decirte «sí» porque creo en tu autoridad. Es sin saber cómo debo decir «sí». Esta opacidad del consentimiento, visible en los asuntos del amor, también está presente en el ámbito de los cuidados. Incluso podría ser que el consentimiento en el ámbito del amor dijera la verdad de todo consentimiento. Si se requiere mi consentimiento es precisamente porque no sé cuáles serán las consecuencias exactas de un acto médico. Debo haber dicho «sí», sin saber. Si espero a saber, siempre digo «no». Siempre pospongo mi «sí» para más tarde. Sigo esperando un poco hasta estar seguro antes de decir «sí». Pero nunca estoy seguro. Nunca puedo estar seguro desde el punto de vista del conocimiento. Solo puedo estarlo desde el punto de vista del deseo.

Digo «sí», aunque no sepa exactamente a qué estoy accediendo, y así es.

El riesgo del consentimiento

El consentimiento no es cuestión de saber; es una cuestión de fe en el encuentro con otro que tiene un conocimiento del que yo carezco. Él puede iluminarme si quiere respecto a sus decisiones, sus actos, sus elecciones, pero no puede hacer que su conocimiento sea tan transparente como para que me sea accesible. Solo sé que es «sí» porque tengo fe en él. Mediante el consentimiento, me ato a él. El consentimiento apela más a la creencia que a la razón. Así, con el consentimiento también existe siempre la posibilidad del malentendido, de decir «sí» a una aventura y, en última instancia, encontrarse atrapado en otra historia, que uno no ha elegido. Hay en el consentimiento una sensación de riesgo absoluto que es también un juego con la propia vida. En todo consentimiento hay una apuesta. Apuesto todo. Consiento a perder. En este sentido, el consentimiento en materia de amor y deseo revela la verdad del consentimiento en todos los demás registros. El consentimiento en el amor es un acto íntimo, que nadie puede hacer por mí y que me transforma. No puedo dejarme iluminar por las luces del otro. Los demás, las personas cercanas y las menos cercanas, nunca podrán saber por mí si hago bien en consentir. Pueden juzgar si quieren. Pueden creer que saben mejor que yo lo que es bueno para mí. Pero solo yo puedo dar mi consentimiento. No puedo delegarlo en otro. De modo que, en este sentido, soy responsable del consentimiento que he dado. Soy responsable de lo que me ocurra una vez haya dado mi consentimiento. Pero ¿hasta qué punto?

Doy mi consentimiento en cuestiones de amor y sexo, sabiendo a quién, o al menos creyendo saber a quién, pero sin saber por qué. Esta responsabilidad no se basa en el control, sino en el deseo. Experimento mi consentimiento como un acto que me ha comprometido en otra parte, un acto que me ha desplazado y transportado a un lugar donde he aceptado perder algo para descubrir otra cosa. En un lugar que, precisamente, yo no conocía. ¿Adónde puede llevarme este acto? ¿Podría volverme atrás? El consentimiento es un acto irreversible.

Una vez que he dado mi consentimiento, ¿cómo puedo retirarlo si ha sido traicionado? ¿Puedo rectificar?[4] ¿Qué recuperaría? ¿Cómo pue-

---

4. En francés, *se reprendre* equivale a rectificar, pero literalmente significaría «recuperarse». [N. de T.]

do recuperar lo que he perdido en mi consentimiento? Cuando se produce un malentendido entre aquello a lo que un sujeto consiente y lo que ha obtenido, se abre un peligroso abismo bajo sus pies. ¿Es él responsable de este malentendido? Es imposible atravesar una existencia sin consentir nunca a nada. Negarse a consentir no es solo negar algo al otro, sino también, a menudo, negarse algo a uno mismo. El consentimiento me enfrenta a una apuesta con mi propia vida a partir de una relación con el Otro. Una apuesta también con mi cuerpo, pues «no hay consentimiento sin cuerpo».[5] El consentimiento también tiene sus delicias y señala el camino hacia un nuevo continente, que me hace aprehender otro sujeto en mí mismo, cuando el Otro con el que me encuentro está a la altura. No puedo pasarme la vida diciendo «no». Pero puedo elegir a quién digo «sí». Puedo elegir el momento en que dejo que el consentimiento decida y me desplazo a otro lugar.

Ambigüedad del consentimiento en femenino

¿Es el consentimiento un acto propiamente femenino en materia de amor y sexo? Lo cierto es que tener en cuenta el consentimiento de la mujer marca un punto de inflexión en la historia del consentimiento. Lo veremos más adelante. Pero, aparte de esto, quizá exista también una articulación sutil y secreta entre consentimiento y feminidad, e incluso un consentimiento «a» la feminidad, siempre que la feminidad se considere de un modo distinto a una naturaleza o una norma. Tal vez el consentimiento revele algo de la feminidad como experiencia corporal de goce. Tal vez el consentimiento revele lo mucho que importa el cuerpo. Tal vez, incluso, el consentimiento se redoble del lado femenino, de creer a Freud y a Lacan, para quienes «llegar a ser mu-

---

5. Geneviève Fraisse, *Du consentement, op. cit.*, pág. 127.

jer» no es el resultado de ningún programa natural o social, de ninguna obligación, sino de un consentimiento basado en el encuentro. El consentimiento por parte de la mujer sería el consentimiento a otro, pero también el consentimiento al otro en sí mismo, el consentimiento a la extrañeza de la feminidad como experiencia compleja. Ambigüedad del consentimiento en femenino, que desnuda la relación con el deseo y que responde a una demanda del otro a veces igualmente opaca.

Son todas estas dimensiones del ser las que moviliza el acontecimiento del consentimiento. El despertar del deseo, la relación con lo que el otro quiere, el enigma de lo que este espera de mí y lo que estoy dispuesta a dar para descubrirlo. ¿Qué quiere exactamente de mí, a quién doy mi consentimiento? ¿De verdad me quiere? ¿Puede perderme? El consentimiento es siempre el cruce de una frontera, un paso hacia el otro, un paso adelante y la puesta en juego del cuerpo, y al mismo tiempo la angustia que se siente en el límite del territorio del deseo. Miedo de haberse lanzado al agua algo precipitadamente, una sensación de vida redoblada por el hecho de haber llegado hasta ahí. El riesgo de renunciar a uno mismo para atar el destino propio al de otro. ¿Es el consentimiento inauténtico por el hecho de ser siempre ambiguo? ¿Es esta ambigüedad un signo de falsedad, de disimulo, de mentira? No. Soportar la ambigüedad del consentimiento es soportar su carácter desinformado como algo que también lo hace valioso. Un «sí» y un «no sé» al mismo tiempo. Es asumir esta dificultad para saber de qué se trata en el consentimiento, como una dificultad que conlleva una verdad sobre el deseo. De ahí la doble traición de quien abusa de un consentimiento, que es consentimiento en confiar sin saber cuáles son las intenciones del otro. Quizás, poder asumir la opacidad del consentimiento sea no retroceder ante el enigma del deseo del otro, algo que no se comprende desde la razón. La ambigüedad no resta autenticidad al consentimiento, sino que le añade complejidad. El consentimiento, al igual que la relación con el deseo y el goce, implica a mi cuerpo como ser sexuado. Implica a este cuerpo en cuyo interior suceden cosas que no comprendo pero que, sin embargo, experimento. Cosas que son yo y no son yo, cosas que veo que retornan y que a veces me desposeen de mí mismo. Afectos, conmociones, emociones.

El consentimiento es siempre un consentimiento al cuerpo como extraño a uno mismo. Hipersensible a la respuesta del otro, el sujeto consentidor se maravilla al descubrirse transformado. *Cum-sentire.* Por tanto, debemos defender la belleza del consentimiento, su brillo cegador. El consentimiento es la otra cara de la moneda del rechazo del otro, de la desconfianza, del no reconocimiento. Pero también debe distinguirse radicalmente de otra experiencia que remite a otra oscuridad. Trauma sexual y psíquico.

III
Entre «ceder» y «consentir», una frontera

El enigma del consentimiento, en el campo del amor y la sexualidad, solo puede descifrarse, por tanto, si nos tomamos en serio este aforismo: «ceder no es consentir». Es necesario establecer una distinción entre lo que corresponde al consentimiento, su ambigüedad, su belleza, y lo que corresponde al tropiezo con un forzamiento en el cuerpo. «Ceder no es consentir», en efecto, y, sin embargo «ceder» y «consentir» parecen muy cercanos en la lengua. Es esta frontera la que exploro, la necesidad de esta frontera. La abolición de la frontera entre «ceder» y «consentir» conduce a un peligro: no reconocer ya el trauma sexual, incluso el trauma psíquico, no disponer ya de medios para discernir entre lo que es un «sí» —aunque sea discreto, tímido, modesto, no reconocido y secreto— y lo que surge del encuentro con una violencia ejercida contra un ser.

Cuestión ética de una distinción

Porque «ceder» comparte la naturaleza del trauma. Su fuente no se encuentra en el consentimiento, aunque pueda ponerlo en juego, aunque pueda manipularlo, usarlo, arrancarlo. Quien es objeto de un forzamiento, muchas veces ya no sabe si ha consentido o no. Quizá dijo «sí» a algo al principio y no pudo, comprometido como estaba con ese primer «sí», decir «no» a lo que luego ocurrió. «¿Soy responsable de algún modo?» es siempre la pregunta que se hace un sujeto que ha sufrido un mal encuentro. ¿Acaso, sin saberlo, consintió a lo sucedido? ¿No debería haber dicho «no» más claramente, gritado «¡no!» y luego huido, a toda prisa? ¿No me dejé llevar, cuando podría haberme defendido? De la misma manera, ¿no es eso también culpa mía? Tengo vergüenza y esta vergüenza se confunde con la imposibilidad de hablar, como si tuviera que ocultar este trauma que ha ocurrido. Lo que hace aflorar la vergüenza es este goce no mediado por el otro que quizás trazó en mi cuerpo el camino hacia un goce que yo no quería. La perversión sabe maniobrar con la ambigüedad del consentimiento, que siempre enturbia el deseo, inquietante para el propio sujeto. Sabe producir en el cuerpo del otro esta efracción que petrifica. Sabe cubrir la ambigüedad del deseo con la obscenidad de la pulsión desnuda. El trauma sexual, traumatismo psíquico y corporal, puede resultar de una traición al consentimiento. Entonces devuelve a un sujeto traumatizado al enigma de su propio consentimiento. Siempre.

Sin embargo, «ceder no es consentir».

Esta distinción aporta claridad ética a la cuestión del consentimiento y el trauma, en materia de vida amorosa y sexual, pero quizás también en relación con el Otro en general, en lo político.

Porque «ceder», en el sentido que lo defino desde un enfoque a la vez clínico y político, no afecta solo a la cuestión de la sexualidad y del amor, sino también a la de la vida en sociedad, a la de la vida profesional, a la de nuestra condición histórica. En el campo del trabajo, de la vida profesional, también hay experiencias traumáticas. Porque aquí también el sujeto ha consentido a cierto compromiso, en relación con un contrato de trabajo, y resulta que queda atrapado en algo muy distinto, en una forma de alienación que puede suscitar angustia. «Ceder sin consentir», en el mundo del trabajo, significa no poder ya responder a lo que se exige, se pide, no poder responder a la extorsión, salvo siguiendo adelante a pesar de todo. Es no saber ya si debemos confiar en lo que sentimos, ese malestar, esa forma de náusea, ese pánico a veces. «Ceder» es, entonces, sentir que ya no solo se trabaja para el Otro sino contra uno mismo. Ya no es «sentirse con el otro», sino «sentir que uno trabaja contra uno mismo», en contra del consentimiento que se había otorgado al principio. Es sentir que el otro ha atravesado una frontera y que uno ya no logra reapropiarse su ser, redescubrir lo propio, al ser tan ilimitado lo que uno ha acabado creyendo que tiene que dar de sí mismo.

Esto no cesa, nunca es suficiente, siempre hubiera podido dar más, hacerlo mejor. El contrato no es una garantía. No basta con protegerme del momento en que puedo sentirme abrumado por lo que se me exige como por un imperativo categórico. Deleuze lo demostró: el contrato también puede ser la herramienta de una relación sadomasoquista, donde uno goza humillando al otro a partir de lo pactado en un principio. Así, «las cosas deben ser dichas, prometidas, anunciadas, detalladamente descritas antes de ser cumplidas». El contrato, que puede ser tácito, también establece entonces una forma de silencio. Tan pronto como hayas firmado, ya no me dirigiré a ti, ya no te hablaré, ejecutarás lo que debes ejecutar y que debes saber sin que yo te lo diga. Así, la violencia se asienta sobre la base del silencio. Al que consintió, no hablarle, pero tampoco escucharle. Que ejecute lo que debe hacer y se entregue cada vez más hasta arrancarle su fuerza vital. El mundo contemporáneo, desde el advenimiento de las relaciones digitales, puede facilitar las condiciones para ejercer tal poder: escribir correos electrónicos que el otro no entiende, no responder cuando pide explicaciones, dejar que se atormente hasta que se someta a ese silencio como a una presencia autoritaria que nunca lo suelta. Entonces el cuerpo emite una señal de alarma. No poder dormir, extenuarse hasta el punto de no sentirse ahí para nadie, no «sentir con», sino «sentir sin», como si mi consentimiento se hubiera vuelto contra mi deseo. Ser roído desde el interior por lo que hay que hacer, por lo que el Otro quiere, pero no dice. Sin embargo, seguir trabajando, más aún, como si fuera un imperativo categórico del que se hace imposible sustraerse. ¡Tengo que conseguirlo, tengo que resolverlo! No debo derrumbarme.

Un día, ya es demasiado tarde para volver atrás: *burn-out*.

Podemos hablar del «masoquismo» del que se deja hacer, pero ¿no se trata más bien de una angustia que proviene de no saber, a veces, hasta dónde hay que llegar para obtener el reconocimiento del otro y que conduce a dejarse hacer poniendo a prueba el propio cuerpo? El argumento del masoquismo no debe servir para desconocer la traición del que fuerza y abusa de un consentimiento. El masoquismo, es decir, la propensión a «hacerse sufrir», es también un indicio de que el sujeto se encuentra en una situación en la que se siente perdido y de la que necesita escapar. El consentimiento del sujeto puede ser instrumentalizado en el encuentro amoroso, en la intimidad familiar o en el mundo del trabajo. Puede haber consentimiento al amor, pero que acabe en un encuentro con otra cosa, que no era amor sino un abuso sexual disfrazado de amor para ser llevado a cabo. Puede haber consentimiento al silencio por la creencia en una autoridad. También puede haber, en el campo del trabajo, un deseo de hacerlo «bien» o incluso de hacerlo «todo» por un trabajo, para un superior, para un jefe, en nombre de un ideal, o de una ideología. Este deseo de «hacerlo bien», cuando se encuentra con el autoritarismo y a veces con la perversión del otro, puede condenar al sujeto a obedecer más allá de su consentimiento. Para decirlo con el filósofo Frédéric Gros, en tal caso surge la sobreobediencia.[1] Esta modalidad de obediencia es una forma de sometimiento a lo que no quiero. Al obedecer «forzándome», me siento culpable, al mismo tiempo, por no obedecer lo suficiente. Este es el principio mismo de lo que Freud y Lacan llamaron el superyó. Cuanto más me fuerzo, más culpable me siento, por obedecer sin estar verdaderamente implicado ahí, sino forzándome a mí mismo. Cuanto más me maltrato, más me exige el superyó que obe-

1. Frédéric Gros, *Désobéir*, Albin Michel, París, 2017. [Trad. cast.: *Desobedecer*, Taurus, Barcelona, 2018].

dezca. Es ahí donde las exigencias del otro se unen a las exigencias internas del sujeto.

Sobreobedecer no es solo obedecer al otro, sino obedecer al mandato interior que proviene de esa instancia moral que es el superyó. Cuando el sujeto obedece más allá de lo que supone que se espera de él, para demostrar que efectivamente está del todo entregado a la tarea, para demostrar que no mantiene ninguna distancia entre lo que se le pide que haga y lo que hace, para demostrar que entrega todo su tiempo, toda su energía a lo que se convierte en el único propósito de su existencia, se cruza la frontera entre «ceder» y «consentir». No autorizarse a pensar, no tener ya la más mínima confianza en lo que uno siente, no escuchar ya esas señales del cuerpo que hablan de la incomodidad silenciosa, la ansiedad, a veces el asco, sino obedecer siempre y tratar de hacerlo mejor. Una vez más. La sobreobediencia es lo opuesto al deseo.

Esta sobreobediencia es ya la señal de algo a lo que el sujeto ha cedido, es decir, la señal de la angustia. A fuerza de pisotear el deseo y de obedecer en exceso a otra cosa, todo se resquebraja. Un día, de repente, todo se vuelve oscuro. ¿Dónde estoy?

Una frontera en el cuerpo

«Ceder», por tanto, no tiene nada que ver con el «sí» y el «no», con la perspectiva de saciar el deseo a veces postergado, con la ambigüedad y la dialéctica del «yo quiero» y el «yo no quiero», «sí quiero, pero no de inmediato», «ahora no quiero», «quizás luego quiera». «Ceder», en el sentido de sobreobediencia o del trauma, no es «consentir». «Ceder» es tanto someterse a un forzamiento como «forzarse» a uno mismo. Este es también el misterio del trauma. No solo puede haber malos encuentros con el otro, sino también malos encuentros con uno mismo, con ese extraño compañero de vida que es mi cuerpo, con lo que Freud y Lacan llamaron el superyó, que se encuentra en la juntura entre el lenguaje y el cuerpo. Esta es toda la complejidad de «ceder». Voy a mostrarlo. El «dejarse hacer» incluye grados que pueden llegar hasta el «forzarse», más allá de lo que el cuerpo puede soportar.

Escribir en esta frontera es enfrentarse, al mismo tiempo, a la oscuridad del consentimiento, al enigma del propio consentimiento y a los efectos de desaparición subjetiva propios del trauma.

Volvamos al amor y la vida sexual. Decía antes que hay una proximidad entre «ceder» y «consentir». Pero esta contigüidad entre «ceder» y «consentir» no debería significar confusión entre ambos. Ciertamente, hay una frontera. Es en este punto donde la distinción se hace necesaria, tanto por razones éticas como clínicas. Precisamente porque desde fuera, desde un punto de vista puramente conductual, «ceder» puede parecer «consentir», incluso confundiéndose con él, resulta necesaria una consideración clínica del consentimiento y una afirmación de la radical diferencia entre «ceder» y «consentir». ¿Cómo ver cuándo un sujeto «cede» y cuándo un sujeto «consiente»? ¿Cómo saberlo? ¿Puede esta distinción constituir una prueba? ¿Se puede demostrar que hubo trauma? Cuando el consentimiento se demora, cuando es postergado, repelido, ¿no acaba confirmándose simplemente porque el sujeto deja de negarse, porque el sujeto cede algo? En este caso, «consentir» sería afín al «ceder». Entonces, ¿por qué querer establecer una diferencia entre «ceder» y «consentir», si «consentir» es «ceder»? El consentimiento puede allanar el camino para «ceder», ahí es donde está el peligro. Pero esto de ninguna manera significa que «ceder» sea equivalente a «consentir». ¿Quién puede decir si hubo o no consentimiento entre dos seres? Solo la palabra del sujeto concernido hace posible revelar esta frontera. El consentimiento nos introduce al registro de la enunciación. «Consiento». Nadie puede decir por el sujeto si cedió o consintió. Hay algo allí que no se puede delegar en un Otro. Porque la frontera se sitúa en el cuerpo del sujeto. Quien pretenda hablar, en este lugar, por el sujeto ya se encuentra en una posición de dominio. Como si supiera lo que el propio sujeto no sabe. Como si pudiera tener control sobre lo que sucedía en su cuerpo y supiera lo que para él era placer y lo que era desagrado.

«Ceder» o «consentir» reclama un testimonio. Es necesario que el mismo sujeto implicado se exprese. Pero a veces el mismo sujeto no sabe —o, mejor dicho, ya no lo sabe—. Se interroga por su consentimiento, porque en su cuerpo han sucedido cosas con las que no necesariamente estaba de acuerdo pero que, desde aquel momento y en adelante, forman parte de él. Más allá del principio del placer, decía Freud. No estar ya de acuerdo con esas huellas que quedan del trauma sexual, como conmemoraciones suyas, huellas que nunca se borrarán, es también dejar de estar de acuerdo con el propio cuerpo. Es decirse «no» a uno mismo, cuando el no proferido hacia el otro, o no tuvo efecto o no pudo ser dicho. Es entonces el cuerpo el que queda como testimonio de la verdad de lo sucedido para un sujeto. ¿Consentimiento o trauma? A partir de este cuerpo marcado por la experiencia de un encuentro que ha dejado en él jeroglíficos ilegibles y dolorosos, huellas del acontecimiento traumático, el sujeto puede esforzarse por leer el enigma del trauma. ¿Qué ocurrió? ¿Qué me queda de aquel acontecimiento traumático?

«¿El que calla consiente?»

El dicho «el que calla consiente» participa de esta distinción entre «ceder» y «consentir». Incluso tal vez de este punto de ceguera. Es preciso afirmar, por tanto, contra esta idea común, el siguiente aforismo: «El que calla no consiente».

El silencio tiene diferentes formas. Ciertamente, puede ser un consentimiento mantenido en secreto. Puede haber alguna satisfacción en guardar silencio, que sería, entonces, un silencio que dice «sí». Pero este «el que calla consiente» universaliza un sentido posible y particular del silencio, al anular el deseo del que calla, al interpretarlo necesariamente como un «sí». Hay un callarse que es un no querer decir y hay un callarse que es un ya no poder decir nada. Ahí vemos todo lo que separa el «no querer decir que uno quiere», por pudor, estrategia, o gusto por el misterio, del «no poder decir que uno no quiere», por miedo, temor, espanto. Antes de decir «el que calla consiente», primero debemos tener en cuenta el efecto de estupefacción que produce el encuentro con el forzamiento: un efecto del trauma es cercenar todo acceso a la palabra. Este es incluso un signo distintivo del trauma. Después, lo que ha traumatizado sigue quedando fuera de la palabra, expulsado de la historia a la que tengo acceso, congelado en otra parte, presente en el cuerpo, pero no dicho. Inaccesible al desgaste del tiempo, el efecto del trauma, como un cuerpo extraño incrustado en la carne, sigue actuando en ella como el primer día. No sufre ninguna erosión. Así es como Freud comenzó definiendo el efecto del trauma psíquico.

Entonces la pregunta ya no es «¿El que calla consiente o no?», sino ¿cómo puede llegar a decirse el trauma, a pesar de su carácter no simbolizable? El que no pudo decir una palabra mientras en su cuerpo sucedían cosas con las que no estaba de acuerdo, ¿encontrará algún día la manera de decirle algo a alguien a este respecto? ¿Encontrará los medios dentro de sí mismo y los encontrará con el otro? El trauma psíquico es un asunto de cuerpo. Hablar de lo que pasó en el cuerpo cuando hubo «cesión» es un nuevo riesgo que tomar.

¿Será escuchado por otro o su palabra solo encontrará el rechazo?

«Lo que traumatiza no se deja decir». No se dice, no tan solo porque la decencia o la modestia dictarían no hablar de ello, sino porque el efecto del trauma golpea al cuerpo de tal manera que el lenguaje queda como cortocircuitado. Por eso, el sujeto que ha sufrido un trauma se encuentra con la boca cerrada. «Quien no dice una palabra, se calla porque ya no puede decir nada». «El que no dice nada, ha perdido la palabra». «El que no dice nada» está condenado al silencio porque el allanamiento que tuvo que afrontar en el cuerpo no se puede decir. Es algo que no tiene nombre. La lengua no ha previsto una palabra para decirlo. Es imposible de decir.

¿Cómo, entonces, hacer reconocer el trauma? La paradoja del trauma significa que «el que calla» vuelve a él a veces, una y otra vez. A los lugares del trauma. De ahí la idea errónea del consentimiento *a posteriori*. De ahí esta peligrosa idea: «Si vuelve es porque quiso, es porque le gustó, es porque consintió». Este retorno, esta repetición del trauma, no significa, sin embargo, consentimiento. No por fuerza tiene este significado. Más bien, significa una pesadilla. Será difícil demostrarlo, pero al mismo tiempo es esencial. No porque el sujeto se vea aprisionado en una repetición de su propio trauma, no porque vuelva a él y no pueda liberarse consiente a él. Aquí también, el enfoque clínico permite ver las cosas con mayor claridad. Freud descubrió este misterioso fenómeno, que llamó repetición pulsional. Este retorno, esta repetición, no emana de ninguna voluntad del sujeto. Es otra lógica la que está en juego, una lógica de la pulsión que empuja a la satisfacción, aunque ello signifique dañar al propio ser viviente. Es esta lógica de la pulsión de muerte la que está, pues, en el origen de la repetición de las experiencias traumáticas.

El trauma es pérdida radical. El sujeto vuelve a ella porque no sabe lo que ha perdido en la experiencia traumática. No dispone de palabras, pero su cuerpo, por su parte, sabe. Regresa allí para averiguar cómo recuperar lo que le fue arrebatado. Regresa allí para intentar recuperar su cuerpo perdido. El trauma es la experiencia de haber perdido el propio cuerpo. Perdí mi cuerpo.

IV
El consentimiento, íntimo y político

El valor del «consentimiento» como concepto es que se encuentra en la encrucijada de dos campos, el de lo íntimo y el de lo político. El consentimiento como experiencia del sujeto que lo da forma parte de la vida concreta y a veces secreta de cada uno. Puede ser un consentimiento amoroso, pero también un consentimiento a lo pedido o deseado por otro en particular. El consentimiento es lo que me vincula a un compromiso y a una palabra que he pronunciado. Y esto con un trasfondo de enigma, porque, como vengo explorando desde el principio, el sujeto no sabe por qué dijo «sí», pero se siente atado por ese «sí» en el que cree. En consecuencia, el consentimiento me compromete en el tiempo. Dije «sí» a un futuro. Dije «sí» a un tiempo que aún no conozco, pero en el que acepto comprometerme. A partir de este «consentimiento», puedo encontrarme atrapado en una aventura que no esperaba, cuyas motivaciones entendí mal, en el fondo, cuando dije «sí», pero de la que en adelante ya no puedo seguir huyendo. Entonces, el «consentimiento» puede abrir el camino a un ceder, es decir, a un trauma.

Si me dirijo ahora al campo de la política, ¿es este también el caso? En efecto, me doy cuenta de que el consentimiento es también en este ámbito un asunto ambiguo. Puede abrir la puerta a la experiencia inesperada de un forzamiento, una experiencia que tiene la singularidad de basarse, al mismo tiempo, en mi consentimiento.

Retrocedamos un poco. El consentimiento adquiere un valor particular en la filosofía política a partir del siglo XVIII, entre los teóricos del contrato social, cuando se trata precisamente de distinguir entre el derecho y la fuerza. Fueron los teóricos del pacto social de los siglos XVII y XVIII —Grocio, Hobbes, Rousseau— quienes pusieron la noción de consentimiento en el centro de la relación del ciudadano con la sociedad. Así, en el origen del derecho civil «se encuentra la obligación que uno se ha impuesto a sí mismo por su propio consentimiento».[1]

Este es el significado mismo de la noción de «pacto social» que está en el fundamento del Estado social. Aunque, de hecho, nunca firmé un pacto antes de entrar en sociedad, en derecho es como si lo hubiera hecho. Este pacto tácito es el fundamento de mis deberes y de mis derechos. El consentimiento es, pues, una nueva modalidad de la obediencia. Obedecer ya no es simplemente cumplir un mandato o una exigencia del otro, es optar por obedecer a una autoridad que uno reconoce como legítima. Es someterse a una ley una vez que se ha consentido en reconocer esta ley como justa. Si ya no obedezco, es en cierto modo a mí mismo a quien estoy traicionando, es a mi propio compromiso al que estoy traicionando.

Contra el derecho del más fuerte, el consentimiento del súbdito

Se trata, por tanto, de un cambio de paradigma en cuanto a la fuente de autoridad. Ya no es el Otro —Dios, el señor, el amo, el rey— quien consiente en que yo viva y quien puede hacerme morir, soy yo, como sujeto, quien consiente en obedecer a la autoridad que reconozco como justa. El cambio de sentido del consentimiento permite fundar

1. Hugo Grocio, *Le Droit de la guerre et de la paix*, París, Puf, 1999, libro I, pág. 38. [Trad. cast.: *Del derecho de la guerra y de la paz,* Editorial Maxtor, Valladolid, 2020].

una renuncia al ejercicio del derecho natural y una aceptación de someterse a lo que Hobbes llama el «soberano», Rousseau la «voluntad general». En palabras de Frédéric Gros, «el consentimiento se refleja como el núcleo racional de la obediencia a las leyes de la ciudad».[2]

Nadie puede entonces obligarme a obedecer a una autoridad ilegítima, que solo se impondría por la fuerza. La autoridad no se deriva de la naturaleza, solo vale si es establecida por las leyes, es decir, elegida por el pueblo que la reconoce como justa. Rousseau, en el *Contrato social*, en 1762, critica así la noción de derecho aplicada a la esclavitud como una contradicción en los términos. La ley no puede basarse en el equilibrio de poder. Esclavos son los que han tenido que ceder a la fuerza, no los que reconocen una autoridad de derecho. Sufren una alienación en virtud de una dominación injusta. Por lo tanto, no tienen que obedecer a una autoridad ilegítima. Sobre todo, ninguna fuerza puede aprovecharse del derecho para ejercerse sobre los individuos. «Convengamos, pues, en que la fuerza no hace el derecho y que solo estamos obligados a obedecer a los poderes legítimos».[3] El derecho del más fuerte no es un derecho, sino una relación de fuerza.

Esta distinción entre el derecho y la fuerza es fundamental para pensar en una autoridad legítima. La noción de consentimiento situada en el origen del poder político equivale, por tanto, a una exclusión del ejercicio de la fuerza. Para decirlo en términos más psicoanalíticos, se trata de excluir el forzamiento del campo político y pensar en un vínculo social basado en un consentimiento y no en un trauma. Se invierte el veredicto pascaliano según el cual «al no poder hacer fuerte la justi-

2. Frédéric Gros, *Désobéir*, op. cit., pág. 146.
3. Jean-Jacques Rousseau, *Du contrat social*, GF-Flammarion, París, 1966, pág. 45. [Trad. cast.: *El contrato social*, Akal, Tres Cantos, 2016].

cia, se ha hecho que la fuerza fuera justa». La justicia debe ser fuerte y para ello es necesario deslegitimar cualquier autoridad que se base únicamente en la fuerza. El pacto, por lo tanto, compromete a cada sujeto: firmé con la sociedad un contrato que no puedo deshacer. Consentí a entrar en sociedad con la condición de que la sociedad misma sea garante de la seguridad, la libertad y la justicia.

Es sobre la base de un consentimiento tácito que cada ciudadano obedece al soberano, a quien reconoce a su vez como encarnación de la voluntad general. Vivir en sociedad es respetar este pacto social que hace posible el respeto de los derechos y deberes de los ciudadanos. Es porque la ley encarna la voluntad general, que no es la voluntad de todos, sino la voluntad general en cada uno, que hay que someterse a ella. El «querer» expresado por la voluntad general no atañe a los intereses particulares, sino al Bien común. Si hay, pues, obediencia, es en virtud del consentimiento de todos a «querer» no solo su propio bien, su interés particular, sino el interés general, el bien colectivo. En una palabra, es la causa de la voluntad general la que debe prevalecer sobre la causa de la voluntad particular.

Dentro del contrato social, el consentimiento es «la obediencia a la ley que uno se ha prescrito».[4] Así, se trata de un nuevo tipo de obediencia, no basado en la naturaleza ni en la tradición, sino en un acto de la razón. Esta obediencia es al mismo tiempo reconocimiento de mi capacidad de elegir a qué obedezco. Rousseau lo expresa así, al final de *El contrato social*, diciendo que «no hay más que una ley que por su naturaleza requiere el consentimiento unánime. Es el pacto social».[5] Las otras leyes no requieren necesariamente la unanimidad para ser aplicadas; por el contrario, el pacto social es la ley inaugu-

4. *Ibid.*, pág. 56.
5. *Ibid.*, pág. 148.

ral que nadie puede derogar. En este punto, se requiere la adhesión de todos.

La noción de pacto social introduce así un acto del sujeto en la base de la obediencia. Por este mismo hecho, transforma radicalmente el sentido del consentimiento, que hasta entonces no se refería al consentimiento «del sujeto», sino al consentimiento esperado, solicitado, por el sujeto por parte de un Otro, bajo cuya autoridad se situaba: consentimiento del rey, consentimiento del padre. La noción de pacto moviliza una adhesión subjetiva, a diferencia de la sumisión al más fuerte que es una pura cesión. Si la sociedad se funda en la ley, y si solo la autoridad fundada en la ley puede reclamar obediencia, entonces la sociedad, por este pacto inaugural, excluye el uso del derecho del más fuerte.

Así, ya no es en virtud de un poder natural y divino que el rey reina, sino en virtud del consentimiento de sus súbditos, a quienes debe seguridad y una parte de libertad. La autoridad de un rey sobre sus súbditos solo es legítima si es una autoridad elegida por quienes se someten a ella. Es, por tanto, una autoridad instituida que solo tiene valor si se la considera como tal. En una palabra, con Rousseau, nacer libre es permanecer en la sociedad. Significa someterse únicamente a la autoridad que uno reconoce. Someterse a las leyes, no a un amo.

Destitución del poder de los padres

Fundar el poder en el consentimiento de los ciudadanos es también rechazar la analogía entre el poder político y el poder familiar. La autoridad del soberano no es idéntica a la autoridad del padre sobre sus hijos. El poder político, si se basa en el contrato social y si no es más que una delegación de la voluntad de cada uno hacia el soberano que encarna la voluntad general, ya no se concibe con referencia al poder del padre sobre sus hijos. La patria potestad es, pues, depuesta como modelo de autoridad política, es decir, como modelo de justicia. El poder del monarca sobre sus súbditos no tiene nada en común con el poder «natural» de un padre sobre sus hijos. La concepción paternalista del poder es así desafiada por los teóricos del contrato social. Los sujetos no son niños, sino seres libres e iguales. En suma, los sujetos también deben hacer el duelo de la idea de que son protegidos por el poder político como lo estarían por un padre.

No solo el poder paterno deja de ser el modelo del poder político, sino que él mismo es transformado por el poder político. Lo que es un padre, como titular de la autoridad, depende de la naturaleza únicamente mientras los hijos necesiten al padre para sobrevivir. «Además, los hijos permanecen ligados al padre solo mientras lo necesitan para preservarse. Tan pronto cesa esta necesidad, el vínculo natural se disuelve. [...] Si siguen estando unidos, ya no es naturalmente, es de forma voluntaria, y la familia se mantiene solo por convención».[6] Rousseau afirma así que el vínculo con el padre, una vez fuera de la infancia, adquiere también, para los hijos e hijas, la naturaleza del consentimiento.

En el siglo XVIII, el consentimiento pasa pues a estar del lado del «Yo», mientras que antes estaba del lado del Otro. Ya no es autorización, sino elección libre y responsable de someterse a un poder reconocido como justo. En consecuencia, el contrato social invierte la base de la autoridad. La autoridad ya no proviene del Otro, sino del sujeto que consiente a ella. Cualquier ejercicio de autoridad es legítimo solo en virtud de un consentimiento inaugural de los ciudadanos. Tácitamente, todo ciudadano debe decir «sí» a lo que es la voluntad general, porque esta voluntad es suya, como ciudadano capaz de querer el bien de todos, antes que el suyo propio. El pacto implica el compromiso del ciudadano, su «sí» inicial. En definitiva, se trata de basar la obe-

6. *Ibid.*, pág. 42.

diencia en la justicia y no en la fuerza. Pero ¿es este «sí» solo un acto de la razón?

El término «pacto social» —el cual da título al capítulo VI de *El contrato social*, en el que Rousseau define la esencia de este pacto que lleva a los seres humanos a renunciar a su libertad natural para sustituirla por una libertad civil— añade una dimensión adicional a la de contrato. Se trata de saber si esta dimensión adicional no nos saca también del dominio puramente racional.

El pacto no es del todo idéntico al contrato. Es mucho «más» que un simple contrato. Es un compromiso con otro basado en una fe en la palabra del otro, una fe que puede provenir del amor, de la admiración, del reconocimiento, pero que no puede traducirse plenamente en términos racionales. Hay en la noción de pacto la idea de una forma de devolución a una palabra en la que se cree. Hay en el pacto un acto que ya no se apoya en la razón, sino en el deseo. El sujeto confía pues en una voluntad (la voluntad general) a partir de su consentimiento que otorga confianza a esta modalidad de gobierno sin poder desligarse de ella. El pacto social obliga al sujeto, no solo a los demás y a las leyes, sino a su propio consentimiento.

Consentimiento político forzado

Basar el ejercicio del poder en el pacto y el consentimiento, por tanto, ¿protege absolutamente contra la coerción? En otras palabras, ¿se puede forzar el consentimiento? Al mismo tiempo que Rousseau define la obediencia como un acto libre de obedecer a la voluntad general, introduce una precisión desconcertante: «Para que el pacto social no sea una forma vana, contiene tácitamente este compromiso que es el único que puede dar fuerza a otros: que el que se niega a obedecer la voluntad general será obligado a ello por todo el cuerpo, lo cual no significa sino que será *obligado* a ser libre».[7] El ejercicio de la fuerza reaparece aquí como ya no emanando de la naturaleza, sino de todo el cuerpo político, en adelante poseedor del consentimiento que lo instituyó como soberano. ¿Qué sucede aquí? Se vuelve imposible desobedecer. «El consentimiento echa el cerrojo a la obediencia».[8]

Si bien la teoría del contrato social representa un progreso en lo relativo a la justicia, en lo que se refiere a la soberanía y su origen no protege, por tanto, de la relación de fuerzas, ni evita el aplastamiento del sujeto. Esto es lo que la historia demostrará. El consentimiento aparece entonces como un imperativo que me compromete con un tiempo futuro y al mismo tiempo me despoja de mi poder de retractación.

Una vez que el consentimiento —el del ciudadano considerado como sujeto— es puesto en el origen del poder, es también este consentimiento el que puede ser arrancado, exigido, por un poder que en lo sucesivo no puede legitimarse sin él. Surge entonces la posibilidad siempre amenazante de una instrumentalización del consentimiento. Si el paradigma de la obediencia ha cambiado, el poder que tenderá a ejercerse, incluso por la fuerza, ya no se contentará con la sumisión, sino que requerirá también el consentimiento a dicha sumisión. La obediencia exigida por un poder autoritario que quiere hacerse pasar por justo está, de este modo, más allá de la obediencia conductual. Se trata de hacer creer en un consentimiento de la población, cuando, en verdad, hay ejercicio del terror. Lo que se requiere entonces es análogo a una «sobreobediencia», de nuevo en palabras de Frédéric Gros, es decir, una obediencia que demuestre, más allá de la sumisión, el consentimiento a ella. Una obediencia que exhiba las muestras de una elección y una adhesión del sujeto para hacer desaparecer las marcas del

---

7. *Ibid.*, pág. 54.
8. Frédéric Gros, *Désobéir, op. cit.*, pág. 157.

miedo y la sumisión. ¿No se produce entonces un giro hacia un pacto sadiano? Las víctimas de un poder que las aterroriza deben, al mismo tiempo, legitimarlo dándole su consentimiento.

Es en este punto cuando el consentimiento es travestido. Arrancar el consentimiento, obtener en realidad la sumisión total del sujeto, su verdadero sometimiento, la de su cuerpo, pero también la de sus pensamientos y hasta de sus sueños. El «Nosotros» al que se somete el sujeto ya no tiene nada que ver con el «Nosotros» del deseo de formar una comunidad, el «Nosotros» de una causa común o de una voluntad general en cada uno. Es el «Nosotros» del superyó autoritario el que reemplaza así al primer «Nosotros». El sujeto es entonces aniquilado por un «Nosotros» que exige su consentimiento. Es también este sentido el que Lacan supo dar a una forma de exigencia revolucionaria cuando habló de un *superyó revolucionario*. Antes que él, Camus cuestionó la distinción entre revuelta y revolución. La distinción entre «consentir» y «ceder» no es ajena a este desfase entre la revuelta como primer acto que dice «no» al otro, en virtud de la afirmación de un deseo, y la revolución que, según Camus, no siempre se mantiene fiel al impulso inicial de la revuelta. El consentimiento, que es afirmación y elección, aceptación y reconocimiento, se vuelve entonces contra el sujeto mismo para convertirse en sumisión y resignación. Consentir significa entonces «ceder». El acoso psíquico que ejerce un régimen totalitario tiene como objetivo obtener por la fuerza el consentimiento que el sujeto se niega a dar, con el fin de privarlo de su propia capacidad para consentir. El «yo consiento» del pacto se convierte en sumisión a un «tú debes consentir» de la dictadura. «El consentimiento a la humillación, tal es la verdadera característica de los revolucionarios del siglo XX»,[9] afirma Camus acerca del terrorismo individual.

9. Albert Camus, *L'Homme révolté, op. cit.*, pág. 221.

Winston creía que podía engañar al poder desobedeciendo solo en sus pensamientos, en sus sueños e incluso en sus pesadillas. Obedecía sin dar su consentimiento. Protegiendo el área de su consentimiento del control totalitario, se mantenía fiel a sí mismo. Todo lo sacrificaba por imposición, excepto su «Yo». Pero un día Winston es arrestado por O'Brien. George Orwell, en *1984*, muestra entonces qué es forzar el consentimiento:

> —¡En pie! dijo O'Brien. ¡Venga aquí!
> Winston se puso de pie frente a él. O'Brien lo tomó por los hombros con sus fuertes manos y lo miró de cerca.
> —Pensaste en engañarme —dijo. —Qué estúpido. Ponte erguido. Mírame a la cara.
> Se detuvo y continuó en un tono más amable:
> —Estás mejorando. Intelectualmente, hay muy poca maldad en ti. Solo en la sensibilidad no has progresado. ¡Dime, Winston, y ten cuidado! ¡Sin mentiras! Sabes que siempre puedo detectar una mentira. Dime, ¿cuáles son tus verdaderos sentimientos hacia el Gran Hermano?
> —Lo odio.
> —Lo odias. Bien. Ahora es el momento de que des el paso final. Tienes que amar al Gran Hermano. Obedecerlo no es suficiente. ¡Debes amarlo![10]

«Obedecerlo no es suficiente, debes amarlo».

Este imperativo enunciado por O'Brien antes de conducir a Winston a la habitación 101, donde será torturado, indica el punto exigido por el Otro del totalitarismo: que el sujeto renuncie a lo que cree, a lo que siente, a sus pasiones, y que ame aquello que odia. Winston, sometido a torturas, cederá al negar su propio amor por Julia. En el terror

---

10. George Orwell, *1984*, Gallimard, Folio essais, París, 1972, pág. 371. [Trad. cast.: *1984*, Debolsillo, Barcelona, 2013].

que despiertan en su cuerpo las ratas enjauladas que están a punto de devorarle el rostro, llegará a aullar el deseo de que el suplicio se aplique a la mujer a la que ama, pero no a él. Se entregará a la situación aterradora a la que lo exponen los milicianos. Negará su palabra, su historia, sus recuerdos, sus traumas, que en adelante juzgará como falsos recuerdos, reminiscencias erróneas. No será más que ese ser sin historia ni subjetividad, enteramente sometido a su verdugo, sometido incluso al amor por el torturador. Orwell escribe entonces en mayúsculas una última frase, la que certifica la abolición al forzar su consentimiento. «LA LUCHA HABÍA TERMINADO. SE HABÍA VENCIDO A SÍ MISMO. AMABA A BIG BROTHER».[11]

Estas son las paradojas del consentimiento exigido, especialmente en regímenes totalitarios como el comunismo ruso. Lo que se ordena es la creencia en la legitimidad del terror. Es la confesión, la declaración pública, el reconocimiento frente a la población, lo requerido para animar a todos a inclinarse ante este «Nosotros» del miedo y del temblor. Este prerrequisito produjo lo que Camus llamó en 1951 «ideologías del consentimiento»,[12] es decir, discursos que arrancan el consentimiento de los ciudadanos para doblegarlos bajo el yugo de un poder total. Obligar al otro a dar su consentimiento es la esencia del control y del acoso totalitario. Aquí vemos el riesgo específico de la instrumentalización del «consentimiento» en el sentido político, es decir, de obligar al ciudadano a dar su consentimiento, cuando sin embargo se siente presa de un poder autoritario, dictatorial, totalitario. Este desvío del consentimiento al servicio de un abuso de poder es también una perversión aplicada al consentimiento del sujeto. Porque «ceder» al Terror, «ceder» a la intimidación, «ceder» bajo la amenaza, no es «consentir». Con Camus, vemos en qué sentido «las ideologías del consenti-

11. *Ibid.*, pág. 391.
12. Albert Camus, *L'Homme révolté, op. cit.*, pág. 308.

miento» se convierten en «técnicas privadas y públicas de aniqui-
lamiento».[13] Van más allá de la servidumbre voluntaria al articular
dos términos antinómicos: el consentimiento como acto del sujeto
y el miedo y el terror como clima político incompatible con la auténti-
ca elección del sujeto.

El borramiento de este límite entre «consentir» y «ceder» es ca-
racterístico del régimen totalitario.

13. *Id.*

V
MÁS ACÁ DEL CONSENTIMIENTO, «DEJARSE HACER»

Vuelvo a lo íntimo, al consentimiento como acto íntimo del sujeto.

Para profundizar en la distinción entre «ceder» y «consentir», propondré un tercer verbo, en forma pasiva: «dejarse hacer». Para explorar esta frontera, tenue pero real, entre «ceder» y «consentir», me serviré del «dejarse hacer» como de un puente. Quizás es en el corazón de esta extraña experiencia en la que me dejo llevar donde se sitúa la posibilidad misma del punto de inflexión. El «dejarme llevar», por el otro, me puede llevar hacia un discreto «dejarse», así como hacia un «dejarse abusar» por el otro. En el trauma sexual y psíquico, existe efectivamente la dimensión de un «dejarse hacer» que entra en juego y que también introduce confusión. Porque, en el espacio de un instante, algo así como una pasividad del sujeto permitió el abuso.

¿Por qué me dejé llevar? Porque quien se deja hacer en esa ocasión otras veces ha podido —cuando no se trata de pura sumisión a la fuerza física— no dejarse hacer, ha podido responder, resistir, huir. El sujeto que «se deja hacer» por otro «parece» pues consentir a intenciones oscuras, como si se dejara hacer para saber hasta dónde quiere llegar el otro, sabiendo que ya es demasiado tarde para escapar de la situación. Como si se dejara llevar para dar también al otro la oportunidad de recomponerse, de detenerse antes de que sea demasiado tarde y poder actuar como si nada, como si el velo no se hubiera desgarrado.

Entonces todo se confunde. Si se dejó llevar, es porque quería, de modo que estaba dispuesto. Si consintió, es porque quería lo que ocurrió y que, sin embargo, lo traumatizó. Es que su silencio, su pasividad, su no resistencia, fue un «sí», una aceptación. ¿Por qué no dijo nada? ¿Cómo hacer entonces para saber? ¿Es realmente el dejarse hacer una modalidad del querer? Solo el abordaje clínico del consentimiento, basado en la contribución de Freud y Lacan, puede permitirnos desentrañar lo que forma parte del consentimiento y lo que no tiene que ver con él. Solo la dimensión del inconsciente y tener en cuenta lo que Freud llamó la pulsión pueden guiarnos en este laberinto que nos lleva del consentimiento al «dejarse hacer», para acabar perdiendo los recursos, «ceder».

Hay diferentes grados de «dejarse hacer».

«Dejarse hacer, consentir a desprenderse de uno mismo»

De entrada, es posible «dejarse hacer» deseándolo. Esta pasividad es una renuncia consentida, una posición adoptada por el sujeto que no lo anula. El goce que atraviesa el cuerpo dentro de esta experiencia de «dejarse hacer por el otro» es un goce consentido, acogido, descubierto como una sorpresa deliciosa.

En este primer grado de «dejarse hacer», se trata pues de «dejarse hacer» por otro a quien se desea. Este «dejarse hacer» no aniquila al sujeto, ya que se apoya en un «sí» del sujeto, un acuerdo con lo que se produce en su cuerpo. Es una posibilidad subjetiva en la relación con el Otro, especialmente en el amor. No es una sumisión, sino una docilidad consentida. Docilidad provisional y efímera, que va acompañada de cierta experiencia de goce del propio cuerpo bajo el efecto de los gestos del otro. Este sería el primer grado del «dejarse hacer», el grado que implica finalmente una elección del sujeto como elección de una forma de pasividad momentánea, ofrecida al otro. Esta elección puede ser consciente o inconsciente. Lo que cuenta es que se arraigue en un deseo del sujeto, que el sujeto se reconozca en él. Es una pasividad asumida.

Annie Ernaux, en su relato *Passion simple*, da testimonio de ello. Durante unos meses vivió una pasión dejando que el encuentro con un hombre desconocido cambiara su vida, sin pedirle nada, sin esperar nada de él más que el hecho de estar allí. «Desde septiembre del año pasado no hice más que esperar a que un hombre me llamara y viniera a mi casa».[1]

Desprendiéndose de todas sus actividades, desinteresándose del mundo exterior, una mujer se deja hacer por un encuentro amoroso. Una pasión que vive casi sin palabras. Un encuentro entre los cuerpos. «Yo solo era tiempo que pasaba a través de mí».[2] Esperar a este hombre, encontrarse con él, hacer el amor, dejarlo ir, y esperar de nuevo su regreso, la próxima vez, la reanudación y repetición del encuentro de los cuerpos. «Caía en un medio sueño en el que tenía la sensación de dormir dentro de su cuerpo. Al día siguiente, vivía en un letargo donde se repetía indefinidamente una caricia que él me había hecho, se me repetía una palabra que él había pronunciado».[3] Así, dejarse hacer por la pasión amorosa es entregarse a este sopor del cuerpo tras el encuentro, sopor que es lo que queda después, una extrañeza también respecto al cuerpo propio.

En su relato, Annie Ernaux rinde homenaje a lo que le hizo descubrir este hombre a quien sin duda nunca volverá a ver, mientras que aceptó acoger el encuentro, siempre contingente. «Descubrí de lo que se puede ser capaz, es decir, de todo. Deseos sublimes o mortales, ausencia de dignidad, creencias y comportamientos que encontraba insensatos en los demás hasta que yo mismo recurría a ellos. Sin que él lo supiera, me conectó más con el mundo».[4] La aventura de esta sim-

1. Annie Ernaux, *Passion simple*, Gallimard, Folio, París, 1991, pág. 13. [Trad. cast.: *Pura pasión*, Tusquets, Barcelona, 2019].
2. *Ibid.*, pág. 20.
3. *Ibid.*, pág. 21.
4. *Ibid.*, pág. 76.

ple pasión es un regalo que recibió de la existencia. Atravesada por este encuentro, utiliza la escritura como medio para acumular «los signos de una pasión»,[5] marcada también por cierto silencio. Porque aquella pasión estaba fuera de este mundo. No compartió nada con este hombre aparte de su encuentro. También ocultó lo que estaba ocurriendo a quienes la rodeaban, como si, durante el tiempo del acontecimiento, la propia palabra fuese raptada por la pasión amorosa. Es, en definitiva, la historia de un arrebato el que la escritura testimonia. Dejarse hacer por el azar del amor y del deseo, sin esperar nada más, de eso se trata en esta historia que lleva la huella de una forma de despojamiento. Ella ya no era nada más que aquella mujer que esperaba a un hombre, pero consintió a esta experiencia con todo su ser.

Este primer grado de «dejarse hacer» se aviene con «consentir». El sujeto se desprende de sí mismo dejándose atravesar totalmente por la conmoción provocada por el encuentro amoroso.

«Soltar», preocuparse por el deseo del otro

Pero esta no es la única forma posible de «dejarse ir». También puedo dejarme llevar, pero percibiendo esta pasividad como una elección no exenta de angustia por lo que el otro quiere de mí. Definiré pues ahora un segundo grado del «dejarse hacer», que sería como una pregunta formulada a otro. Me dejo llevar por el otro, para ver qué quiere realmente, hasta dónde es capaz de llegar, quién es realmente. Pero estoy inquieta. Este segundo grado de «dejarse ir» no necesariamente va acompañado de deseo, sino que está ligado a una forma de angustia. Me dejo hacer, para ver, para saber, para apostar por la confianza, pero también para mostrar al otro lo que quiere, lo que asume o no asume

5. *Ibid.*, pág. 31.

de su propio deseo. Como si las intenciones del otro pudieran revelarse mejor si me dejo llevar por él.

Nunca sabremos si Camille amaba realmente a Paul. Lo que sí sabemos es que ella le pregunta si la ama, si le gusta su cuerpo y su forma de ser. Nunca sabremos por qué se dejó engañar al aceptar subir sola al coche del productor, cuando Paul hubiera debido acompañarla, o llevarla en taxi con él, para hacer ese trayecto entre los estudios de cine y la villa. Nunca sabremos qué sucedió exactamente de camino a la villa.

Godard contará la historia a través de dos planos profundos que atraviesan los ojos y el cabello de Camille. Primero la mirada. Su mirada, que es casi una mirada de imploración hacia su enamorado. Está esa mirada inquieta e insistente de Camille hacia Paul, también esa llamada, antes de subirse al coche. «¡Paul! ¡Ven!» Es una mirada y una petición bajo la mirada del propio productor. Es por tanto una petición contenida, que ya fractura algo de la intimidad de Camille. Es bajo la mirada del productor que Paul la deja.

Paul baja la cabeza, hace como si no entendiera de qué se trata, deja a Camille en suspenso, entre la impaciencia de Prokosch y la cobardía de Paul. Su enamorado actúa como si nada, como si ella no corriera peligro, como si fuera normal dejarla subir sola con el otro hombre, sin decir palabra. La mirada de Camille habla en este momento de angustia y tal vez de quebrantamiento. Le dice: «¿Estás seguro, Paul, de que quieres que me preste a esto?».

Paul ya no está ahí para ella. Paul se la deja a otro, sin decir una palabra. Paul accede a darla.

¿Estaba ya despeinada cuando subió al coche del productor? Su magnífica cabellera rubia, recogida por una diadema oscura sobre su frente, ¿estaba enredada de esta forma? Cuando Camille se encuentra con Paul en la villa, ya no le mira. Pero Godard nos muestra este cabello despeinado filmando a Camille de espaldas, en el jardín de la villa; Brigitte Bardot, Camille, despeinada. Godard lo filma extensamente. Para nosotros. ¿O es la mirada de Paul sobre Camille lo que vemos? El pelo, ligeramente despeinado, deja lugar a la duda. La no mirada de Camille a Paul, que ha venido en bicicleta desde los estudios hasta la villa, su pregunta —«Has tardado mucho»—, su propio silencio, son suficientes para relatar lo sucedido a Camille.

Jean-Luc Godard, en su película *El desprecio* (1963), nos sumerge en el corazón de una relación de pareja que se está desmoronando.

¿Qué desprecio, qué discordancia circula entre los seres, opuesto a la belleza del lugar, a los suntuosos planos de la isla de Capri, a la vista de la villa Malaparte, con el mar en el horizonte? Aburrimiento, hastío, silencio, lo que no se dice, el desprecio. ¿Quién desprecia a quién, de todos modos?

El filme empieza con una secuencia magnífica y mítica, en la que Camille, representada por Brigitte Bardot, estirada desnuda sobre una cama, junto a Paul, representado por Michel Piccoli, habla de ese cuerpo que él ve, el cuerpo de ella para él, en el espejo. Ella le pregunta en voz baja, mirándose los pies, si le gustan sus pies, «Sí, me gustan», si le gustan sus muslos, «Sí, también me gustan tus muslos», si le gusta su trasero, «Sí, me gusta», si le gusta su boca, «Tu boca también», «sí», dice Paul. Le gusta cada parte de su cuerpo. «¿Así que me amas del todo?», responde Camille. Sí, la ama, del todo, de pies a cabeza.

La película no comienza con el desprecio, sino con un malentendido. ¿Paul ama a Camille, del todo, porque ama cada parte de su cuerpo? ¿Porque responde «sí» a cada una de sus preguntas? Es Paul quizás quien acepta decir siempre «sí» sin estar realmente ahí, sin creerlo realmente. Le responde a Camille, pero parece estar en otro lugar, tal vez absorto en el guion que tiene que escribir para una película rodada por otro. Camille lo interroga como para saber dónde está y quién es ella para él.

Invitado por Jeremy Prokosch (Jack Palance), productor de la película de Fritz Lang, a su villa cerca de Cinecittà, Paul llega a los estudios con Camille y deja que Camille se suba al coche a solas con el productor. ¿Lo había planeado así? ¿Por qué Camille iba a encontrarse a solas con otro hombre que domina a Paul por sus medios financieros, por su poder de decisión, otro hombre que tiene control sobre la película? ¿También debe tener el control sobre su mujer? La mirada de Camille hacia Paul es filmada por segunda vez por Godard cuando la escena se repite en Capri y Paul la deja subir al barco sola con el otro. En ese momento, su mirada es también el reflejo de su pregunta, de su angustia: «¿Paul? ¡Ven! ¿Paul? ¿Paul?». Este momento contradice y anula la escena inicial. A Paul le gusta ese cuerpo, todo él, pero no quiere particularmente quedarse a Camille para él solo. Esto es lo que Camille descubre, por un momento en Roma, antes de abrir la puerta del descapotable y sentarse allí, al alcance de la mano del otro, y por segunda vez en Capri, antes de subir al barco.

En la mirada de Camille que filma Godard hay algo así como una angustia: un «no me dejes con él», «no me entregues así al productor como objeto de cambio por tu guion». Pero Paul no responde y finge no entender. Paul acepta bajo la mirada de Camille, frente a ella, entregarla al otro, fingiendo que no pasa nada. Así como accede, bajo la autoridad del productor, a reescribir el guion de otro, el de Fritz Lang, que está rodando su *Odiseo*.

En ese lugar donde Paul ya no dice nada, «el que calla consiente» viene a encontrar su lugar, un lugar distinto al que mencioné al principio a propósito del trauma.

Aquí, se trata del «quien no dice nada consiente» de un hombre que calla para decir «sí, acepto que subas con él». La ausencia de una palabra de Paul indica su consentimiento a dejarle a Camille al productor. Es un consentimiento que bordea la cobardía. Es el «quien no dice nada consiente» del cobarde que calla para ocultar su consentimiento. Paul deja que Camille se suba al coche del productor como si no supiera lo que iba a pasar, como si nada en particular estuviera pasando. Mientras que sí sabe. En ese momento, Camille «se deja hacer». Ella llama a Paul como diciendo: «¿Es eso realmente lo que quieres?» como para confrontarlo con su no-deseo, y ella se somete a su no-respuesta. Se deja hacer por el silencio de Paul.

La película para la que Paul va a escribir el guion se llama *Odiseo*. Es una nueva versión del relato homérico que contradice la historia de Odiseo y Penélope al cuestionar la fidelidad de Penélope. ¿Y si Penélope hubiera traicionado a Ulises? ¿Y si Ulises, en vez de verse impedido de regresar junto a Penélope, se tomara todo su tiempo para regresar lo más tarde posible a Ítaca, porque no quería volver allí? El escenario invierte así el relato de Homero y convierte a la mujer en una traidora, a Ulises en un hombre desapegado de su mujer, como si la odisea fuera la de este desapego. Como si la historia de Homero en el siglo xx fuera también la historia de una pareja que se deshace.

Si Camille dejó que Prokosch lo hiciera, ¿no fue porque finalmente estuvo de acuerdo, estuvo de acuerdo con Paul en que todo había terminado entre ellos? Nunca lo sabremos. Pero la opción Camille, esta Penélope que ya no espera nada de Ulises, es no decirle nunca nada. Su opción es el silencio. En este punto en el que Paul la ha despreciado dándosela a otro como puro objeto de intercambio, su mujer a cambio de un cheque, Camille desprecia a Paul. Ella ya no le habla. Ella no le dice nada. Su silencio es el signo de su desprecio. Ella lo deja con su consentimiento y su cobardía. Si Camille se había dejado llevar, era para averiguar si Paul la amaba o no. Ya no necesita preguntarle si le gusta su cuerpo, ahora sabe que a él no le importa ella como mujer.

Al final de la película, Camille le dirá una sola cosa, antes de dejarlo y marcharse con Prokosch: «Te desprecio, Paul. Me voy, porque te desprecio». Él intentará averiguarlo o más bien fingirá no saber, no entender por qué. «¿Es porque te dejé subir al coche del productor?». Camille no responde y Paul sabe muy bien que Camille no necesita responderle. «Es porque te desprecio, Paul». Camille no le dará otra razón, no le reprochará nada. No discutirán. Paul ya no existe para Camille. Si él la despreciaba, ella lo desprecia a él por ser ese hombre que despreciaba su amor. Él ha consentido en dársela a otro como un objeto, por su guion que no logra escribir, a otro hombre al que finalmente Camille se ha entregado. Entonces ella lo desprecia por su cobardía. Ella desprecia su silencio.

La película termina con esta palabra, *silencio*, en una escena que se abre hacia el mar. FIN.

El «dejarse ir» de Camille se muestra al final de la película como un acto. Ella ha devuelto al remitente el desprecio de Paul eligiendo irse con el productor. Nunca sabremos si ama a este hombre, el productor. Pero sabemos que ya no ama a Paul, que nunca podrá volver a amarlo. La pasividad de Camille cuando Paul la deja tirada, desde ese instante en que toda su cobardía se revelaba en el silencio, era como una forma de sacar a la luz una verdad. Camille saca a relucir la pasividad de Paul, su no deseo, su manera de ceder sin que lo parezca. Paul no la ama. El «dejarse hacer» de Camille se volvió en contra de Paul. Ella lo convirtió en una fuerza. Ella lo deja solo, encerrado en su silencio. Sin ella.

Camille es un personaje femenino paradójico, que se deja hacer y tiene la fuerza de asumir por Paul la separación. No cederá a las preguntas de Paul. No le dirá la verdad. Callándose, se recupera. No entrará con él en una discusión sobre lo que pasó, sobre la responsabilidad de Paul, su cobardía, su amor. Solo le dirá: «Te desprecio», a ti que me hiciste creer que me amabas cuando de hecho me usaste para tu película, a ti que me hablaste de amor cuando yo era para ti solo un objeto de intercambio. Camille le devuelve su desprecio a Paul guardando silencio y marchándose con el otro, lo que Paul quería, lo que accedió a hacer posible.

Aíslo así, con esta película luminosa y misteriosa a la vez, un sentido muy singular de «dejarse hacer» que hace aflorar una verdad. Un «dejarse hacer» que es un acto y que le muestra algo al otro, en silencio y también pasando por una forma de sufrimiento. El «dejarse hacer» de Camille es también un encuentro con el sufrimiento, pero la experiencia no la encierra en la pasividad, sino que le permite sacar a relucir la verdad de lo que ella es para Paul.

Este «dejarse hacer» es una verdadera pregunta dirigida al Otro: ¿qué quieres tú para nosotros? ¿Qué estás dispuesto a hacer para que lo que nos une no se destruya? Paul no está dispuesto a dejar escapar su guion y la perspectiva de un cheque del productor, y su cobardía lo lleva a actuar como si lo que le sucede a su amor, a su pareja, este desapego, no dependiera de él.

«Dejarse hacer», ceder al terror

Llego ahora a un tercer grado del «dejarse hacer», que es en cierto modo un nivel más en la dimensión del sufrimiento. Se trata del «dejarse hacer» en el trauma. Sumergirse con el sujeto mismo en este momento que precede al trauma es congelar la imagen allí donde el sujeto se deja hacer por el Otro o ya no logra responder. Estoy abordando otro registro.

Quiero sumergirme en ese momento turbio y oscuro en el que el sujeto ya no es capaz de consentir o no. Es ahí donde «el que calla consiente» debe ser contradicho, porque el silencio adquiere otro significado, el significado de no poder decir más nada, el significado de estar separado del mundo de la palabra por el allanamiento producido por la situación traumática en el cuerpo del sujeto, el sentido de una petrificación. Cuando sucedió, ella solo tenía ocho años. No pudo decir nada. Se dejó llevar en silencio. Emma es una niña a la que le encantan los dulces. Como sucede a veces, sale a hacer un recado. Lleva puesto un vestidito, un vestidito de niña de ocho años.

Entra sola en la tienda de comestibles, porque quiere comprar caramelos. Ella sabe que el tendero vende caramelos. Entra, sola, con su vestidito de niña de ocho años. Y entonces, sucedió algo que no se podía esperar de ningún modo. Ni siquiera tuvo tiempo para sentirse ansiosa. Sucedió y no pudo decir nada. El comerciante la miró y tal vez hasta le sonrió, con la sonrisa extraña de un anciano engolosinado por la criaturita que acaba de entrar en su tienda de comestibles. ¿Por qué privarse de un placer? ¿Qué hace el viejo? Probablemente la encuentre bonita, y también tan inocente, allí sola, deseosa de regalarse unas golosinas. Él va a hacerla probar otra cosa, sin que ella entienda nada. De repente, mientras la niña está de pie allí frente a él, con los dulces en la palma de su mano, él se acerca y «le pone la mano, a través de la tela de su vestido, en sus genitales».[6] Emma está petrificada. ¿Podemos decir que se dejó hacer? Ella no dijo nada, no se movió, inmovilizada por lo que estaba ocurriendo. Probablemente no tuvo tiempo de huir. Sobre todo, no entendía nada. El tiempo de la angustia quedó cortocircuitado.

Este tiempo, que es también la señal de un peligro, no tuvo lugar. La angustia no fue experimentada. Ni hubo preocupación antes de entrar a la tienda, estaba feliz de ir allí, para conseguir aquellos dulces que tanto le gustaban. ¿Fue a la tienda a escondidas? ¿Le dijo a su madre o a su padre que iba allí? Puede que no. Tal vez ni siquiera se lo dijo a nadie y por eso también se encontró atrapada. Ella había ido a buscar su pequeño placer infantil, dulces. Tal vez incluso había sustraído alguna moneda del bolso de su madre para permitirse, en secreto, comprar los dulces que adoraba. Sola, indefensa, desprotegida. Y se encuentra bajo el yugo de un adulto que ve en la situación la oportunidad de satisfacer un impulso. Tocando los genitales de la niña a través de su vestido. Ella se deja hacer.

Freud conoció a Emma cuando ya era una joven y estaba «atormentada por la idea de que no debía entrar sola en una tienda».[7] Sin saber muy bien por qué. Es lo que le queda ahora que ha crecido, que su cuerpo ha cambiado, de lo que le pasó un día cuando solo tenía ocho años. Pero este momento de «dejarse hacer» ella no lo recuerda en

---

6. Sigmund Freud, *La Naissance de la psychanalyse*, Puf, París, 1956, pág. 364.
7. *Id.*

absoluto. Tiene amnesia, olvidó. El sujeto Emma ha olvidado el trauma de la niña de ocho años. Lo que recuerda la joven que habla con Freud es otro episodio que le sucedió cuando tenía trece años. Es un recuerdo que remite, para ella, a un pasado más reciente y a una época de su vida en la que su cuerpo ya era pubescente. Ya sabía que ya no era una niña y que se la podía mirar con deseo. Este recuerdo de sus trece años también tiene que ver con la historia de una tienda donde entró y sucedió algo extraño. Recuerda haber entrado allí cuando tenía trece años, para comprar algo, pero huyó. Extraño. Sin embargo, no pasó nada en la tienda excepto que los dos vendedores la miraron riéndose. ¿Había algo risible en ella? ¿Su atuendo? ¿Su vestido? ¿Su cuerpo? Emma salió de la tienda, presa del pánico. Se sintió humillada. Los dos hombres parecían burlarse de ella, de su atuendo, de su vestido. Esto la avergonzó aún más porque uno de ellos le pareció un hombre atractivo. Emma huyó. Freud enfatiza el carácter enigmático del síntoma de Emma: estar obsesionada con la idea de no entrar sola en una tienda y recordar a estos dos vendedores que se rieron cuando la vieron, cuando tenían trece años. Esto no basta para explicar la angustia que la embarga cada vez que entra sola en una tienda, y sobre todo no explica su idea fija. ¿Qué es esta obsesión? Hablando con Freud, Emma recordará cierto día lo que había olvidado hasta entonces, lo que pasó con su cuerpo infantil, cuando tenía ocho años. Al redescubrir el otro recuerdo, el que hace referencia al episodio traumático ocurrido cuando tenía ocho años, Emma puede empezar a resolver su síntoma.

A los trece años, no recordaba en absoluto que la escena que acababa de vivir con los dos vendedores evocaba otra escena más antigua que la había dejado sin palabras. Pero hablar con Freud sobre esta historia de la tienda, la ropa, el vendedor, trajo a la superficie lo que ella había olvidado. Esto le permitió deshacer los nudos del tiempo. Su propio nudo, hecho por ella misma, por el que el primer acontecimiento se camuflaba en el segundo, como para hacerse presente aun sometiéndose a su olvido. ¿Qué recuerda entonces? No solo recuerda la primera vez, cuando el tendero le tocó los genitales a través del vestido, sino que recuerda algo más, bien extraño. Lo que le puede decir a Freud es que entró dos veces a aquella tienda y que fue la primera vez cuando ocurrió el abuso. ¿Por qué volvió a entrar por segunda vez?

Freud escribe: «Después, se reprochó haber vuelto a entrar en la tienda, como si hubiera querido provocar un nuevo atentado».[8] Entró por segunda vez a sabiendas. Si la primera vez pudo haber ocurrido porque no sabía, el hecho de haber entrado por segunda vez la confronta con el misterio de lo que sabía. Pero ¿cómo leer este regreso a la escena del trauma? ¿Es Freud quien agrega «como si quisiera provocar un nuevo atentado» o es ella, Emma, quien se hace la pregunta de «por qué volvió allí»? Lo que sí sabemos es que regresó al lugar del trauma, donde su cuerpo había sufrido el allanamiento que la dejó muda. Lo que Freud quiere demostrar concierne, en primer lugar, al levantamiento de la amnesia. ¿Cómo se puede recuperar mediante el análisis un recuerdo reprimido? ¿Cómo lo que nunca ha sido dicho hasta entonces llega a poder finalmente revelársele, no solo al otro, sino a ella misma? Porque en el trauma se trata siempre de un silencio. El sujeto que no pudo decir nada en ese momento tampoco puede decir nada después. Como si la boca hubiera quedado cosida en el acontecimiento, de manera irreversible. Es por tanto por el proceso de represión del primer recuerdo por el que se interesa Freud y por este mecanismo *a posteriori* que muestra la necesidad de una segunda escena para que la primera vuelva a la superficie.

¿Por qué vías se pudo encontrar el primer momento del trauma?

El segundo episodio, que ocurrió cuando ella tenía trece años, repite algo del primero sin ser idéntico. Pero cuando ocurre este segundo episodio, ella no recuerda nada. Es el hecho de hablarle a Freud de

8. Sigmund Freud, *La Naissance de la psychanalyse*, Puf, París, 1956, pág. 364.

este segundo episodio, de dejarse llevar para decir lo que se le pasa por la cabeza, cuando piensa en ese pavor que le da entrar sola en una tienda, lo que la lleva por casualidad a encontrar el primer recuerdo borrado. A través del segundo recuerdo, Emma encuentra ecos del primero: la tienda, el hecho de entrar sola, la ropa (la risa de los vendedores estaría relacionada con su atuendo), y un efecto en el cuerpo (uno de los vendedores le parece atractivo). Lo que le llama la atención a Freud es esta dualidad temporal. «Un recuerdo reprimido solo se convirtió en un trauma después».[9] El efecto *a posteriori* (*Nachträglich*) se produce en el momento en el que el primer trauma se revela a través de un segundo acontecimiento. La escena de sus trece años, devuelta a la memoria de Emma, constituirá *a posteriori* como trauma la primera escena marcada, de entrada, con un espacio en blanco. Lo que le faltó al primer episodio fue el surgimiento de la angustia. En lugar de la angustia y cortocircuitándola, hubo un efecto de intrusión en su cuerpo. La niña sintió algo que nunca había sentido previamente, al mismo tiempo que se quedaba sin palabras. Porque hubo efracción.

Silencio, amnesia, efracción: estos son los tres rasgos del trauma sexual.

La angustia apareció mucho después y se convirtió en un síntoma: estar obsesionada con la idea de no entrar sola en una tienda.

El trauma resulta del momento en que la niña se dejó hacer. Pero cuando sucedió, ella no estaba allí como sujeto. Era su cuerpo el que sufría algo que ella no entendía. Esto es lo que designaré con este tercer grado del «dejarse hacer», que poco tiene que ver con los dos anteriores que aislé, como el «dejarse hacer» del consentimiento y el «dejarse hacer» de la demanda y de la angustia.

La pregunta que quisiera formular ahora es la que me parece capaz de arrojar luz sobre el alcance del «dejarse hacer» en el sentido de este

---

9. *Ibid.*, pág. 366.

último grado. ¿Por qué la niña de ocho años volvió a la tienda, cuando había sido víctima de aquel abuso? ¿Cómo interpretar esta repetición?

Freud subraya que Emma se reprocha haber vuelto allí, como si hubiera querido que aquello volviera a pasar. Esto sí que es un enigma. En 1897, Freud aún no dispone de la teoría de la repetición pulsional. Solo veinte años más tarde, en su artículo titulado «Más allá del principio del placer», podrá articular la pulsión y la repetición para dar cuenta de este retorno, lo que vuelve en el cuerpo, sin el sujeto.

¿Por qué vuelve Emma entonces? Lo que voy a subrayar es, por un lado, el primer tiempo de un «dejarse hacer», frente al cual se encuentra indefensa, y el segundo tiempo de un «volver allí» como primer efecto del trauma. Pero es el porqué de este retorno lo que debe explorarse. Porque aquí es donde reside la diferencia fundamental entre «ceder» y «consentir». ¿Vuelve para dejarse hacer de nuevo? Yo no lo interpretaría de esa manera. La niña de ocho años regresa, sabiendo esta vez lo que puede pasar allí, aunque no pueda decir nada al respecto. Es un saber que viene de su cuerpo.

Pero ¿quizás la imposibilidad de decir esté vinculada con su regreso? Ella regresa allí, sin saber lo que ha perdido. Ahora bien, cuando uno ha perdido algo en alguna parte, sin saber qué, ¿qué hace? Vuelve al escenario para intentar averiguar qué ha perdido y quizás recuperarlo. Lo que es seguro es que algo le ha ocurrido y que no puede deshacerlo. Este retorno es una repetición de las condiciones de lo sucedido, como para comprender. Después de este tiempo traumático de ver, regresa allí para volver a ver de nuevo lo que no pudo comprender.

Plantearé la hipótesis de que vuelve para recuperar lo que le arrancaron, una perturbación en su cuerpo, antes de que accediera a la pubertad. Allí donde era imposible, para la niña de ocho años, moverse cuando el tendero acercó su mano a su cuerpo, ahora hay movimiento hacia el lugar donde ella había permanecido petrificada. Este movimiento puede leerse como una conmemoración del trauma. Así, ella no va al encuentro del tendero que le tocó los órganos sexuales por encima de su vestido de niña, sino de la escena que la privó de su voz. Esta lógica concierne a la pérdida que marcó el cuerpo de la niña. Regresa allí precisamente porque el trauma permaneció al nivel del allanamiento del cuerpo.

El «dejarse hacer» del trauma genera una repetición instintiva incluso antes de convertirse en trauma para el sujeto. Cuando el sujeto cede, es como un prisionero del trauma que le ha arrebatado el cuerpo. Solo muchos años después, a los trece años, Emma experimentará la angustia que no pudo experimentar a los ocho. Esta es la firma del trauma, la angustia *a posteriori*.

Este último grado de «dejarse hacer», con el que Freud se encuentra en el origen del psicoanálisis y que provoca un trauma psíquico, es también el que produce un vacío en la memoria del sujeto. *Capítulo censurado de la historia*, como dirá Lacan del inconsciente, el trauma no entra en el mundo de lo que se puede decir y transmitir. Se convierte para el sujeto en una especie de punto umbilical, un misterioso punto originario que permanece indecible. La pasividad del trauma no consigue simbolizarse.

«El que no abre la boca», en este caso, se encuentra condenado a volver allí, como si pudiera encontrar la palabra perdida en el lugar del abuso. Quien no dice nada no entiende lo que pasó y trata de encontrar aquel cuerpo que fue despertado demasiado temprano a una emoción que dejará al sujeto, más tarde, en la angustia.

Antes de la angustia, ¿qué hay? ¿Quizás el asco del propio cuerpo que ha sido instrumentalizado de este modo por el otro? ¿Acaso la vergüenza de que este cuerpo haya suscitado el goce de otro? Quizá una indiferencia ante la transformación de ese cuerpo que tuvo que reconocer como propio cuando le era más ajeno.

VI
«Ceder en»

Los tres grados del «dejarse hacer» que acabo de distinguir —el «dejarse hacer» que concuerda con una elección del sujeto (el de la pasión amorosa), el «dejarse hacer» que proviene de una pregunta del sujeto (el de Camille en *El desprecio*) y el «dejarse hacer» que contradice el deseo del sujeto (el de Emma a los ocho años)— me permiten avanzar en dirección al cuerpo. Es ahí a donde nos conduce el «ceder» que no es un «consentimiento»: allí donde el cuerpo cede a algo, mientras que el sujeto ya no dice una palabra. En esto es en lo que me adentro, allí donde el o la «que no dice nada» se encuentra paralizado por el pavor, petrificado, literalmente convertido en un cuerpo de piedra. Congelado, el cuerpo del sujeto traumatizado sufre un allanamiento que ya no le permite tomar la palabra.

¿Qué es entonces sufrir en el cuerpo un estremecimiento y un pavor sin consentirlo? «Ceder» es una respuesta del cuerpo donde hay una no respuesta del sujeto, una imposibilidad para el sujeto de decir nada. «Ceder» es abandonarse.

Algo se parte, se rompe, se fractura y se suelta. El sujeto queda hecho cenizas.

Avancemos entonces por este territorio trágico del trauma. Hemos visto cómo el trauma sexual y psíquico está en el centro de la elaboración de Freud cuando descubre el inconsciente. El silencio del sujeto y la emergencia de una extraña repetición que conduce a un retorno al lugar del trauma constituyen para Freud los estigmas del trauma.

«Ceder en cuanto al deseo»

¿Cuál sería el aporte lacaniano a nuestro aforismo «ceder es no consentir»? Lacan otorgó un lugar especial en el lenguaje psicoanalítico al verbo «ceder». Un lugar incluso tan particular que la fórmula donde aparece el verbo «ceder» en Lacan se ha convertido en una especie de eslogan del psicoanálisis, una firma de la ética del psicoanálisis según Lacan. Esta fórmula no se refiere al trauma, sino a la relación con el deseo. Aparece al final del Seminario titulado *La Ética del psicoanálisis*. En 1960, Lacan terminó su año de enseñanza desvelando la meta del psicoanálisis. Un análisis no promete felicidad. No lleva a verlo todo color de rosa. Pero permite acceder al deseo. Lacan afirma entonces que «de lo único que se puede ser culpable, al menos desde la perspectiva psicoanalítica, es de haber cedido en cuanto al propio deseo» [*ceder sur le propre désir*].[1] Plantea así el carácter binario de la culpa y el deseo para articularlo de una manera inédita, a partir de un uso asombroso del verbo «ceder».

De hecho, Lacan usa el verbo «ceder» en un sentido inusual. En el lenguaje ordinario, en francés usamos más bien el verbo *céder* seguido de la preposición *à*: decimos así *céder à*, como en *céder à la tentation* [ceder a la tentación]. Ahora bien, lo asombroso es que aquí Lacan, al decir «ceder», le da al verbo «ceder» un sentido nuevo, o en todo caso inesperado. ¿Qué significa aquí *céder sur le propre désir*? [ceder *en cuanto al* propio deseo]. Significa exactamente lo contrario de «ceder *al* deseo de uno». «Ceder en cuanto al propio deseo» no es dejarse tentar por las delicias del deseo y del goce, es «tirar la toalla» respecto al propio deseo, ya sea abandonándolo, renunciando a él, olvidándolo

---

1. Jacques Lacan, *L'Éthique de la psychanalyse*, Le Séminaire, livre VII, Seuil, «Champ freudien», París, 1986, pág. 368. [Trad. cast.: *El seminario*, libro 7, «La ética del psicoanálisis», Paidós, Barcelona, 2016].

o tratando de «sepultarlo». Por este mismo hecho, Lacan da también un nuevo valor al «deseo». El deseo no es ni placer ni pulsión, aunque pueda tener tal vez algo de lo uno o de lo otro. El deseo, en cada uno, es aquello a lo que más íntimamente aspira, desde el punto de vista de su ser, de la realización de su ser. Y este deseo, paradójicamente, requiere poner algo de tu parte.

Lacan quiere mostrarnos que el deseo es precario, es frágil, se puede aplastar fácilmente. Siempre es tentador abandonarlo, es decir, «ceder en cuanto al propio deseo». Corresponde pues al sujeto mismo hacer valer su deseo, defenderlo, no dejarlo, porque siempre existirán buenas razones para renunciar a él, para no hacerle un lugar. Ninguna evidencia rige en la relación con el deseo. El que no apuesta por su deseo no puede esperar encontrarlo. En otras palabras, nadie más que el sujeto puede salvar su deseo. Aquí hay algo que no puedo dejar que nadie más haga. Y en cierto modo, «dejarse hacer» en este nuevo sentido muchas veces significa también renunciar al propio deseo, traicionarlo, ceder en cuanto a él. El dejarse hacer llegando a traicionar el propio deseo es un grado de «dejarse hacer» que podría situarse entre el segundo (dejarse hacer para dejar que el otro se revele) y el tercero (dejarse hacer bajo el efecto del trauma). Aquí se trataría de un «dejarse hacer» que es también un «dejar que el otro decida lo que yo quiero». Esta dimensión de «dejarse hacer», que lleva a «ceder en cuanto al propio deseo», es la que lleva a malinterpretar el valor del propio deseo favoreciendo otras necesidades que parecen más legítimas desde el punto de vista de los demás. Es en nombre de lo que Lacan llama también el «servicio de los bienes», es decir todo lo que nos obliga sin que ello responda a ningún deseo por nuestra parte, despreciando nuestro deseo, maltratándolo.

Solo yo puedo hacer de mi deseo un valor para mi existencia. Si espero a que el otro lo reconozca como legítimo para preocuparme por él, puedo esperar mucho tiempo. Así que también soy responsable si no lo hago. Deseo, luego existo. Tal podría ser la fórmula del *cogito* lacaniano. Ceder en cuanto al deseo de uno es, en última instancia, traicionarse a uno mismo. Es ceder en cuanto al propio ser.

Sin embargo, la concepción lacaniana del deseo no parte de un enfoque ingenuo. El deseo no es todo lo que quiero, todo lo que me tienta y todo lo que llama al despertar de la pulsión. Si así fuera, este aforismo de Lacan podría desviarse al servicio de una moral sadiana: no renunciar nunca al goce. Pero el deseo no es goce para Lacan.

El deseo tampoco es lo que nos invita a desafiar la dimensión de lo imposible. No es creer que todo es posible y acabar dándote de cabeza contra el muro de lo imposible. Por lo tanto, no se trata de hacer del deseo el pretexto para escapar del mundo tal como es. Esta oda al deseo, con la que Lacan completa su *Ética del psicoanálisis*, no es una invitación a gozar sin trabas, ni una invitación a querer lo imposible. Lacan, cuando afirma que la ética consiste en «no ceder en cuanto al propio deseo», no quiere decir con ello que se deba desear lo imposible, a toda costa. De modo que no está diciendo que todo sea posible. Porque no todo es posible. Es incluso dando cabida a lo que no es posible, por tanto, a lo imposible, como el deseo puede encontrar la manera de despejar un camino en la existencia de un ser, teniendo en cuenta las contingencias que se le presentan.

Elegir el propio deseo, un querer incondicional

Pero ¿por qué entonces usar este verbo, «ceder en cuanto a»? No se trata aquí de consentir al deseo, como en el campo del amor, por ejemplo, sino de «no ceder en cuanto al *propio* deseo». Esta formulación indica casi por sí sola una relación con el deseo en las antípodas del consentimiento. Esta expresión introduce en el deseo una relación con la voluntad, con la decisión y con la elección que parece ser «más» que un simple consentimiento. En definitiva, se trata de «elegir el deseo», una vez que se vislumbra, como se elige un valor moral frente a otros valores que se presentan.

Si Lacan formula así la ética del psicoanálisis, como un «no ceder en cuanto al propio deseo», es para darle a esta ética un aspecto casi kantiano, pero al revés de la moral kantiana. ¿Cómo se presenta la «ley moral» en Kant? La severidad de la ley moral es lo que lleva a cumplir con el deber, aunque signifique sufrir por no tener en cuenta los propios sentimientos, intereses, inclinaciones. Cumple con tu deber pase lo que pase. Este es el clima de la moral kantiana. Un clima de rigor e incondicionalidad. Lo que Kant considera buena voluntad es una voluntad que quiere ser buena en el sentido de que quiere la ley moral como si fuera su propio bien, mientras que es el bien de todos, o más bien el bien desde el punto de vista de la razón y lo universal. Esta buena voluntad es la que actúa cuando cumplo con mi deber. Se trata, en la ética del psicoanálisis, de hacer del deseo un valor incondicional, un valor tan imperativo como pueda serlo la ley moral según Kant. Se trata de estar preparado para sacrificar todo lo que se interponga en el camino de este valor.

Lo que Lacan retiene de Kant para subvertirlo es, pues, esta dimensión imperativa de la ley moral, que es también la fórmula del deber, una dimensión imperativa que no conoce excepciones. Para Kant, cualesquiera que sean las circunstancias, cualquiera que sea mi estado, cualquiera que sea la situación histórica en la que me encuentre, debo someterme a la ley moral. Tengo que consentir a ella como a una dimensión que está más allá de mí. Ceder, para el autor de los *Fundamentos de la metafísica de la moral* y de *La crítica de la razón práctica*, es siempre «ceder a» las propias inclinaciones, «ceder a» los propios sentimientos, ceder a las pasiones del alma, que son también, para él, enfermedades del alma. Concretamente, la acción moral en el sentido de Kant debe tener el mismo carácter de necesidad que la ley de la naturaleza: cumplir siempre las promesas, nunca mentir, no quitarse la vida son deberes morales que se nos imponen desde el punto de vista de la razón y que no toleran excepciones. En este sentido, en el país de la moral kantiana, de lo único que se puede ser culpable es de haber cedido a las propias inclinaciones.

Pasando de «ceder a» a «ceder en cuanto a», Lacan realiza una inversión. Donde Kant sitúa la ley moral, Lacan sitúa el deseo. Donde Kant sitúa las inclinaciones y los sentimientos, Lacan sitúa el superyó y la pulsión. Se trata pues de «no ceder», no «a» sino «en cuanto a». En psicoanálisis, todo el mundo tiene el deber de respetar, no la ley moral que manda, sino el deseo que dice el ser del sujeto. «No ceder al propio deseo» es, en suma, no ceder a la pulsión. Donde la exigencia de goce se interpone en el camino del deseo —que Lacan postula como distinto de la pulsión—, se trata de no «ceder en cuanto al propio deseo», es decir de no minimizarlo, desvalorizarlo, subestimarlo, como si fuera un valor despreciable de la existencia. Precisamente porque el deseo es un valor que se agrega a la vida de manera contingente, no debe ser descuidado. Porque sin deseo, la existencia es dolorosa. No hay que descuidarlo, es decir, hay que escucharlo. Estar atento al propio deseo es tener el coraje de hacer lugar a su murmullo, a su susurro, a su mensaje esbozado. El deseo no manda, no vocifera, nunca se convierte en aullido. Se dice a medias, se hace presente en silencio, discretamente, como diciendo al sujeto en cuestión: «Aquí estoy». «¿Me quieres?». «¿Quieres venir por mí?». «¿Quieres una existencia según tu deseo o quieres conformarte con todo lo demás, con lo que la sociedad quiere, con lo que otros valoran, con lo que se obtiene fácilmente sometiéndose y adaptándose a las normas de la vida anónima y estandarizada, a lo que se espera de ti, a lo que parece ser el bien de los demás?». El deseo siempre me dice: «En el fondo, ¿qué es lo que quieres?».

Uno de los signos distintivos del deseo es, por tanto, estar en las antípodas del mandamiento. Lo que manda y quiere ser obedecido provocando miedo no es el deseo, es el superyó. Lacan introduce la mayor distancia entre el superyó, aliado de la pulsión de muerte, y el deseo. Incluso llega a hacer de este distanciamiento entre uno y otro una orientación para el sujeto. Cuanto más mantiene el sujeto a distancia su propia pulsión de muerte, más oportunidad le da al deseo de abrirse paso en su vida.

No ceder al influjo del superyó

No ceder en cuanto al propio deseo es, en suma, no ceder al superyó, que siempre ordena traicionar al deseo. El superyó es en efecto esta autoridad en mí mismo que me empuja a ir en la dirección de lo que me hace sufrir, me ordena sacrificar mi deseo y se presenta al mismo tiempo como el Bien, el propio Bien soberano. El superyó es peligroso porque no siempre se presenta como austero y severo. No es necesariamente represivo. Incluso puede presentarse como una voz interior que empuja hacia un goce cada vez más extremo, como si allí estuviera el bien que debo buscar. Ya sea que me empuje hacia el sufrimiento o hacia el goce ilimitado, el superyó siempre me conduce al sacrificio del deseo. Lo que quiere el superyó es que yo ceda en cuanto a mi deseo.

Por tanto, el superyó, que quiere que sacrifique mi deseo, es una autoridad sádica dentro de mí, que me da un placer masoquista, el de creer que he hecho el bien porque he sufrido por lo que hice contra mi voluntad. Por eso Lacan compara la crueldad de la ley moral kantiana —el carácter imperativo del deber moral— con la crueldad sadiana, la de la exigencia de un goce ilimitado. Es en esta eliminación de cualquier elemento sentimental donde Lacan descubre una afinidad secreta entre Kant y Sade. Ve en Sade «el paso inaugural de una subversión, de la que [...] Kant es el punto de inflexión».[2] La moral sadiana es aquella que afirma un «derecho a gozar de los demás», cualquiera que

2. Jacques Lacan, «Kant avec Sade», en *Écrits*, Seuil, «Champ freudien», París, 1995, pág. 765. [Trad. cast.: «Kant con Sade», en *Escritos 2*, Siglo XXI, Buenos Aires, 2010].

sea su consentimiento e incluso *sin* su consentimiento. Es forzando el consentimiento como el carácter sadiano obtiene su goce.

La moral sadiana fue reformulada por Freud en 1929, en *El malestar en la cultura*, como una pulsión de muerte en virtud de la cual surge en los seres humanos la tentación, con respecto al prójimo, «de satisfacer contra él la propia agresividad, de utilizarlo sexualmente sin su consentimiento (*ohne seine Einwilligung*), tomar posesión de sus bienes, humillarlo, causarle sufrimiento, martirizarlo y matarlo».[3] Usar al otro sexualmente sin su consentimiento no es solo buscar placer y, por tanto, seguir una supuesta moralidad hedonista, sino satisfacer una pulsión, que es una pulsión de destrucción. Esta puede llegar al goce de la aniquilación del otro cuando ya nada llega a detener la búsqueda de la satisfacción pulsional. Articulando este mandato de goce sin límites con el enigma que puede representar el cuerpo de una mujer, Éric Laurent interpreta así el «feminicidio», consistente en matar a una mujer por ser mujer, a la luz de la moral sadiana.

«El "feminicidio" muestra que, ante el enigma del sexo, se puede absolutizar sin límites una exigencia de goce del cuerpo de una mujer».[4] Esto significa que el uso sexual del cuerpo del otro sin su consentimiento se dirige en particular al cuerpo de esa parte de la humanidad cuyo consentimiento no se expresa en una señal visible. Preocuparse por el consentimiento de una mujer es aceptar descifrar su deseo, o sea, supone decirle algo y poder tener en cuenta su respuesta. Por el contrario, la moral sadiana invita al forzamiento como una ley para gozar.

3. Sigmund Freud, *Le Malaise dans la civilisation*, trad. B. Lortholary, Seuil, «Points essais», París, 2010, pág. 119. [Trad. cast.: *El malestar en la cultura*, Akal, Tres Cantos, 2017].
4. Éric Laurent, «Remarques sur trois rencontres entre le féminisme et le non-rapport sexuel», *La Cause du désir*, vol. 1, nº 104, 2020, pág. 111.

Como nos recuerda Lacan, en Sade se trata de una «disposición libre de todas las mujeres sin distinción, consientan o no».[5] Es decir que el derecho al goce no encuentra límite, no admite barreras, desafía cualquier punto de detención. E incluso que el goce será tanto más intenso cuanto que el otro es víctima de él.

Volvamos entonces a esta pulsión de muerte identificada por Freud y al superyó sadiano definido por Lacan, para captar plenamente el sentido de la fórmula de la ética del psicoanálisis: «no ceder en cuanto al propio deseo». El superyó en el sentido de Lacan, ese superyó que maltrata el deseo, es por tanto una instancia en todo aquel que quiere gozar sin tener en cuenta el consentimiento del sujeto. Considero aquí, por tanto, otra dimensión de la pulsión de muerte, que ya no es la tentación de destruir al otro, sino la tentación de destruirse a sí mismo. El interés de la definición lacaniana de la pulsión de muerte puesta en acción por el superyó es, por tanto, situar al verdugo y a la víctima, en cierto modo, dentro de un mismo ser. El sujeto se convierte en su propio verdugo cuando obedece los mandatos de su superyó.

Es aquí donde situaré el consentimiento del sujeto con respecto al superyó, como consentimiento burlado. Es en este punto donde el psicoanálisis arroja nueva luz sobre la cuestión del consentimiento.

En *La ética del psicoanálisis*, esta reformulación sadiana del superyó aborda el problema de un consentimiento forzado «por» el goce. Pero lo que Lacan quiere subrayar es que este goce también puede ser el mío, es decir, el que me lleva a dejarme hacer por el superyó que me es propio. Ya sea que lo consientas o no, el superyó quiere que goces haciendo lo que te ordena que hagas. El superyó se concede a sí mismo el derecho de gozar cualquiera que sea el consentimiento del sujeto. Este superyó es parte de mi ser. Ya sea que yo lo consienta o no, quiere gozar, gozar una y otra vez, aunque esto signifique llevar al sujeto a la muerte.

---

5. Jacques Lacan, *L'Éthique de la psychanalyse, loc. cit.*, pág. 96.

Así, introduciré un nuevo grado en el «dejarse hacer», el que implica un goce masoquista. A medida que avanzo tratando de descifrar este enigma del consentimiento, me veo obligado a agregar ramificaciones a mi primera clasificación. Primero distinguí tres grados del «dejarse hacer», «dejarse hacer como consentimiento a la pasión», «dejarse hacer como forma de interrogar el deseo del otro», «dejarse hacer bajo el efecto del acontecimiento traumático». Me doy cuenta de que entre los dos últimos puedo declinar otros dos que siguen siendo puentes entre el «consentir» y el «ceder»: el «dejarse hacer por el otro para complacerlo y obtener su amor a costa de sacrificar mi deseo», el «dejarse hacer por el superyó», que siempre nos invita a privilegiar el goce sobre el deseo.

El «dejarse hacer» por el superyó es entonces una dimensión que se puede identificar desde la perspectiva psicoanalítica. Esto significa que la sumisión al Otro solo es posible porque el sujeto se deja hacer aun cuando no lo desea, es decir, cede *en cuanto a* su deseo. Este deseo es como sacrificado al servicio de una angustiosa demanda de amor, de una imposibilidad de escapar de las garras del Otro. La sumisión al Otro es redoblada por la sumisión al superyó, que le dice al sujeto «Tú debes». Tienes que hacer lo que te pide. Tienes que satisfacerlo. Tienes que volver a intentarlo hasta que lo consigas. Allí se asienta entonces la pesadilla de la renuncia al deseo y su procesión de afectos depresivos: aburrimiento, tristeza y, a veces, hasta repugnancia por la vida. Por eso se necesita una fuerza inigualable para responder a este superyó, para ahuyentar este imperativo de goce y su fuerza nociva, que nunca se agota. El «no ceder al propio deseo» es en cierto modo una respuesta psicoanalítica a la pulsión de muerte en todos, tal como está encarnada en el superyó. «No ceder en cuanto al propio deseo» es no dejarse hacer por el superyó, en un sentido (el sentido kantiano del sacrificio del propio deseo en nombre del deber) o en otro (el sentido sadiano del sacrificio del propio deseo en nombre del goce desenfrenado).

Inversión del sentimiento de culpa

Dije anteriormente que el deseo no da órdenes. A esto agregaré: «el que ordena nunca le habla al deseo». «El que ordena» sin dejar elegir a los sujetos, «quien ordena» sin tomarse la molestia de saber lo que el otro puede y quizás quiere, no se preocupa del consentimiento, sino solo de la obediencia, incluso de la sumisión. Le preocupa que la cosa funcione, y permanece indiferente a lo que, del sujeto, de su deseo, pueda manifestarse en contra de lo ordenado. El deseo no eructa, no vocifera, no ordena. Dulce, delicado y hermoso deseo, tú te haces oír por quienes saben aguzar el oído, más allá del ruido a veces ensordecedor del superyó.

Si no es el lenguaje de la moral ni el del mando, la obligación y el sacrificio, ¿qué lenguaje habla entonces el deseo, desde el inconsciente? ¿Es el lenguaje del amor? No exactamente, o bien habla el lenguaje del amor como camino hacia otra cosa. Para Lacan, el deseo se distingue del amor, que puede empujar al sujeto a olvidar su deseo, por amor o por el amor, y conjugarse así con la pulsión en este punto. El deseo habla un lenguaje que tiene que ver con el del amor, pero en el sentido de *eros*. El deseo no empuja hacia la fusión con el otro, sino que empuja hacia la realización del propio ser. El deseo no habla para adormecer al sujeto en un sueño de fusión amorosa, sino para despertarlo a sí mismo. Le habla de verdad, en un tono que es el del reconocimiento del ser y no el de su desprecio. A veces le habla en el corazón de la noche, a través de los sueños, que le señalan que algo está tratando de ser reconocido, que un mensaje reclama ser descifrado, que un deseo espera ser articulado. El deseo, cuando es reconocido y asumido, introduce un impulso vital que se articula con un sentido. El deseo proporciona un punto de apoyo al sujeto para definir su ser y le permite ver lo que realmente quiere, aquello a lo que tiende para sí mismo.

El deseo aspira así a hacerse oír, tiende a hacerse reconocer, se cuela entre líneas para hacerse presente, se cuela entre los sueños y las sorpresas de la palabra, los actos fallidos de un sujeto para hacer saber que está ahí y que es posible atraparlo, realizarlo, desplegarlo. El deseo tiene que ver con la historia secreta del sujeto, su infancia y la trama de su futuro. Para Freud, su deseo más profundo, en el que no cedió, fue descubrir cómo interpretar los sueños. En primer lugar, los suyos, que se le ofrecían como palabras ajenas. En cuanto a Lacan, su deseo era no dejar que el psicoanálisis cediera a las exigencias de adaptación del individuo a cualquier normalidad para convertirse en psicología. Para cada uno, el encuentro con el deseo es posible a condición de no ceder ante todo lo que venga a obstaculizarlo, a condición de no poner la propia renuncia a cuenta del otro, a condición de creer en el propio deseo y querer saber algo de su destino.

La ética del psicoanálisis es, pues, ese régimen de existencia que lleva a atar la vida al deseo como a un destino nuevo, y no a sacrificarlo, a poner el trabajo al servicio del deseo y no al servicio de los valores que lo aplastan. Nada puede justificar el aplastamiento del deseo porque el deseo no daña, sino que hace surgir la vida. Sin embargo, a veces, para conformarse a los imperativos que se encuentran en la vida en sociedad —hacer como los demás, no desagradar, someterse, conformarse, obedecer— el sujeto deja de lado el deseo. Por eso es necesario, a veces, tener el coraje de desobedecer y no temer perder el amor del otro, su interés, su mirada, para hacer del propio deseo un bien supremo. Para ello, hay que estar suficientemente decidido a no ceder a la crueldad del superyó, que invitará siempre y necesariamente al sujeto a despreocuparse del deseo para preferir el ideal inaccesible y el goce mortal.

No traicionarse a uno mismo

Lacan, pues, introduce una dimensión ascética en el punto inverso de donde suele ubicarse en la moral clásica. La sabiduría psicoanalítica es la que lleva a hacerse asceta del propio deseo, a cultivarlo, a hacerlo fructificar, a ayudarlo a desarrollarse.

¿Dónde está entonces la culpa? ¿Qué nos permite descubrir la experiencia de un análisis respecto a la culpa que uno cree sentir hacia el otro, por no haber hecho lo suficiente, por no haber «consentido» a todos los esfuerzos posibles, por no haber estado a la altura de un ideal que nos hemos forjado, por haber dicho a veces «no» a lo que el otro esperaba de nosotros?

La culpa, cuando se la considera desde la relación con el inconsciente, se descubre en un lugar completamente distinto al de la culpa consciente. También adquiere un significado completamente nuevo. En la tradición cristiana, la culpa es la consecuencia de una falta cometida. Es por haber cometido un pecado que el sujeto se siente culpable. La falta hacia el otro conduce al reproche, incluso al autorreproche. Esta culpa probada lleva incluso a veces a pensar que el castigo será merecido, que solo el castigo permitirá redimirse de haber obrado mal. Existe, pues, una secuencia clásica que conduce de la culpa al castigo, pasando por la culpa. Como si el castigo fuera la única manera de disipar la culpa.

Aquí, Lacan invierte el lugar de la culpa al convertirla en el signo de una falta cometida hacia uno mismo. Ya no es de una culpa hacia el otro de donde nace la experiencia de la culpa, sino de una culpa hacia mi propio deseo. Es por haber cedido *en cuanto a* mi deseo, por haberlo sacrificado por otra cosa, que me siento culpable. No puedo ignorar mi deseo impunemente. Mi indiferencia al deseo, mi inclinación a cerrar los ojos para olvidarlo es precisamente lo que engendra el sentimiento de culpa. Soy culpable de dañarme a mí mismo al desechar mi deseo en favor de otras buenas razones.

La experiencia de un análisis enseñaría a cada uno a tomar en serio su deseo, no a convertirlo en la última rueda del carro de su existencia, como si fuera superfluo preocuparse, además de las necesidades de la vida, por el deseo. «No ceder *en cuanto al* propio deseo» es tener la fuerza para hacer del propio deseo la causa íntima de uno. Es darse cuenta de que el sacrificio que hay que hacer por el deseo siempre vale la pena: sacrificio de bienes, sacrificio de intereses, sacrificio de comodidad, sacrificio de una dimensión de la pulsión. El deseo, en efecto, requiere deshacerse de aquello que lo obstaculiza. Para decirlo con Lacan, *hay un precio a pagar por el acceso al deseo*. El deseo se ofrece al goce, como si solo hiciera falta recogerlo para aprovecharse de él. Depende de mi elección profunda hacerlo existir u olvidarlo. No ceder en cuanto al deseo significa lograr sacrificar una parte de goce, una parte de hábito, una parte de pasividad, una parte de apego instintivo, una parte de repetición sintomática, para dar al deseo una oportunidad de realizarse. El deseo solo se convierte en potencia en mí si lo defiendo como novedad frente a otras fuerzas que pueden aplastarlo. Nunca se adquiere, nunca se da de una vez por todas, siempre pendiente de volver a apostar, empezar de nuevo. Porque, por definición, el mundo del Otro no aparece *a priori* como propicio para la realización de mi deseo.

No ceder «en cuanto al» propio deseo es, por tanto, salvar el propio ser. Pero esto nunca significa para Lacan operar un forzamiento sobre el Otro. No ceder en cuanto al propio deseo es estar precavido con respecto al goce de uno mismo. Es en este punto donde se puede decir «cuídate de ti mismo». Porque siempre es la pulsión la que buscará abrirse una vía entre los caminos del deseo. No ceder en cuanto al propio deseo significa, por tanto, no dejar que la exigencia instintiva en uno mismo prevalezca sobre el advenimiento del deseo. Si por tanto debemos «no ceder», es porque otra fuerza nos empuja a «ceder». Este poder que puede aniquilar el deseo es la pulsión de muerte en cada uno, es decir, la fuerza destructiva que parece ignorar la lógica del deseo y que viene a responder en su lugar. Lacan, por tanto, hace del superyó el otro nombre de la pulsión de muerte, el disfraz moral de la pulsión destructiva. Aquí es quizás donde radica la incomprensión de lo que es la ética del psicoanálisis. Que el deseo esté en las antípodas del superyó no significa que vaya en la dirección de la pulsión. Es todo lo contrario. Pulsión y superyó están del mismo lado. El deseo está solo, del otro lado.

Es cuando «cedo» en cuanto a mi deseo que me siento culpable, porque me he traicionado a mí mismo. Actué como si mi deseo no importara. La traición ética recae, pues, en este punto: «ceder en cuanto al propio deseo», no tener valor para asumir lo que me hace perseverar en el ser. Es aquí donde Lacan sitúa el desprecio, el del otro y el de uno mismo.[6] Sacrificar el propio deseo bajo la presión de otro es despreciar el propio ser, renunciar a uno mismo. Cada uno es pues responsable de lo que hace con su deseo, del lugar que le da y de la fuerza que le confiere.

¿Cuál es el modelo elegido por Lacan para encarnar este acto de «no ceder en cuanto al propio deseo»? Paradójicamente, es el de una heroína trágica que se dirige a la muerte. Sin embargo, Antígona es considerada por Lacan como aquella que no renuncia a su deseo y hace de este deseo un valor superior a su propia vida. La heroína de Sófocles desobedece a Creonte, quien le prohíbe enterrar a su hermano, Polinices, traidor a la patria. Pero desobedece en nombre del ultraje que sufre: no puede aceptar dejar el cuerpo de su hermano sin cubrirlo de tierra para honrar a los muertos. No puede consentir que el cadáver de un miembro de su familia se descomponga como el de un animal. No puede aceptar borrar de la dimensión de lo simbólico la muerte de este hermano, nacido del mismo padre y de la misma madre que ella, nacido de la misma tragedia, la de la ceguera de su padre.

Antígona no consiente y no cede. En definitiva, encarna esta afinidad entre consentir y ceder, pero en el lado negativo. No consentir es, para ella, «no ceder». La joven prefiere morir, ser enterrada viva, antes que renunciar a su deseo, el de enterrar a un hermano herido por la misma maldición que ella, la maldición de los Labdácidas. Víctima tan

6. *Ibid.*, pág. 370.

terriblemente voluntaria, como dice Lacan. Para hacer comprender hasta dónde puede llegar el poder de «no ceder», Lacan elige a Antígona y hace de ella la encarnación del deseo, aunque la hija de Edipo sea también encarnación de la desgracia. Para ella no hay otro bien más que el de su deseo, que es un deseo de no ceder, un deseo de honrar al hermano muerto, un deseo de simbolizar la pérdida de este hermano dándole sepultura, según las leyes de la familia y la tradición.

«No renunciar al propio deseo» puede ir así de lejos: el deseo como valor incondicional no debe ser traicionado. Si bien «ceder no es consentir», aquí se podría decir, en cambio, que «no ceder es ciertamente no consentir». Mientras que el consentimiento implica remitirse, en algún aspecto, a otro, el no consentimiento implica una desobediencia. Antígona no se someterá a las leyes de la ciudad, no obedecerá a Creonte, no abandonará su causa. Ella nunca se dejará hacer, de ninguna manera.

Prefiere morir a «ceder en cuanto a» su deseo.

VII
«Ceder a»

¿No existe en Lacan algún otro uso del verbo «ceder» que me acercaría al «ceder no es consentir» del que partí? El aforismo «ceder es no consentir» se hace más claro, como decía más arriba, cuando nos adentramos en esa zona opaca donde el cuerpo cede sin el consentimiento del sujeto. Ya no se trata de deseo y culpa, sino de ansiedad y pulsión. Ya no se trata de la cobardía para con el deseo, sobre todo el propio, sino de la imposibilidad de sustraerse a la pulsión del otro. Por lo tanto, la dialéctica subjetiva ya no está en funcionamiento. El trauma surge, precisamente, de ser cortocircuitado por el otro como sujeto deseante, mediante el abuso, el acoso, el forzamiento.

Unos años más tarde, en 1963, Lacan da un nuevo valor al verbo «ceder» que me parece arrojar luz sobre la frontera entre «ceder» y «consentir». En su Seminario sobre *La angustia*, Lacan articula el verbo «ceder» ya no con deseo, sino con la pulsión. Así se amplía radicalmente la brecha entre «ceder» y «consentir». Ya nada permite acercarlos. Lacan ya no emplea el «ceder en cuanto a», del que gustaba en 1960 en su Seminario sobre *La ética del psicoanálisis*, sino el «ceder a». Y de nuevo, le da a este verbo, «ceder a», un sentido más. No se trata de «ceder» a la tentación, ni de ceder al placer, ni de ceder «al otro», después de haber vacilado, retrocedido, de haberse demorado, de haber querido decir «no», luego «sí», o incluso «sí pero no enseguida, pero no ahora, pero no así». No, se trata de otro «ceder» que introduce la dimensión traumática.

Ya no se trata de la culpa, sino de la angustia. Ya no se trata solo del sujeto, sino del sujeto en su relación con el cuerpo, con *su* cuerpo, como cuerpo de deseo y de pulsión.

¿A qué cede el sujeto en el trauma sexual y psíquico de fondo?

Situación traumática

El sujeto no cede tanto al Otro como a una situación traumática de la que no puede defenderse. Cede a lo que está sucediendo en su cuerpo. ¿Cómo dar cuenta de esta situación? El peligro está ahí, presente, pero la angustia que podría haberlo señalado no tuvo tiempo de sentirse, de asentarse, antes de que ya se hubiera producido la intrusión. Era demasiado pronto y ya es demasiado tarde. Eso a lo que el sujeto cede es también, entonces, lo que cede de sí mismo, lo que se arranca de su forma de ser cuerpo vivo, que se conmueve, que siente. Una parte de su cuerpo le es como arrancada *sin* su consentimiento, y entonces es el mundo del Otro el que, al mismo tiempo, se fractura. Como en un terremoto, el sujeto experimenta un seísmo que lo hace caer y desaparecer. Esta intrusión brutal del Otro, *a través* de la mirada, de la voz, de la palabra, rasga el velo que cubre el mundo de los vínculos con el otro, apuntando al propio ser y al goce, *a través* del cuerpo del Otro, que impone su pulsión, que fuerza el acceso al goce, es la causa determinante del trauma sexual y psíquico. Forzar el acceso al goce significa que es a la vez el goce del Otro el que se impone, pero que también es mi propio goce el que es como arrancado de un cuerpo que ya he perdido.

En esta «confrontación radical, traumática, el sujeto cede a la situación»,[1] dice Lacan. Se trata pues de una confrontación, no solo con

---

1. Jacques Lacan, *L'Angoisse*, Le Séminaire, livre X, Seuil, «Champ freudien», París, 2004, pág. 361. [Trad. cast.: *El seminario*, libro 10, *La angustia*, Paidós, Barcelona, 2006].

el Otro, sino con una situación que el sujeto no puede vivir como sujeto, porque no tiene los medios, psíquicos y físicos. La situación traumática actúa como un rapto.

Lacan se pregunta qué significa «en este momento, *cede*».[2] Luego introduce una distinción crucial entre lo que puede ocurrir al nivel
del sujeto mismo como ser de palabra y lo que puede ocurrir al nivel del cuerpo del sujeto, al nivel de este cuerpo que tiene y que no es
su ser, pero que es al mismo tiempo lo más real en él.

La primera respuesta de Lacan es, de entrada, descartar lo que
«ceder» no es. «No es que el tema vacile, ni que se doblegue».[3] Vacilar o doblegarse son modalidades del ser atrapado en la relación con el
Otro, que están en el ámbito del «elegir» y, finalmente, de las modalidades de «consentir». Vacilar o doblegarse es acabar desprendiéndose de uno mismo para decir «sí». Ya no seguir rechazando, o negán-
dose a algo, para correr el riesgo de vivir una experiencia con el otro
que comprometa mi cuerpo. Pero cuando se trata de la angustia y de la
situación sexual traumática, Lacan subraya claramente que no es en
este registro donde se juega la cosa. Ni vacilación ni debilitamiento,
sino «cesión». ¿Qué significa eso? Ante todo, que lo que luego ocurre
no pasa por la palabra. No se trata de una contradicción, de una coacción, de un rechazo. El «no», es un «no» del cuerpo que es forzado
por el Otro. Algo del sujeto quedó congelado en la situación. Es este
caso de «dejarse hacer» el de la pequeña Emma, de ocho años, petrificada cuando el tendero, a quien ha ido comprarle chucherías, le pasa
la mano por los genitales a través del vestido.

2. *Id.*
3. *Id.*

Parálisis, imposibilidad de decir

«En una situación que por su carácter coagulado nos presenta su condición de primitivamente inarticulable, marca que de todos modos él llevará para siempre, lo que se ha producido es algo que da su verdadero sentido al *cede* del sujeto —es literalmente una cesión».[4] Parálisis, carácter inarticulado de la situación traumática, marca del acontecimiento para siempre en el cuerpo, «cesión».

Aquí encontramos una descripción que nos sumerge en el corazón del trauma sexual y psíquico. Primero, el sujeto está como petrificado. Su cuerpo, que se ha convertido en un cuerpo de piedra, ya no le permite huir. Algo del cuerpo vivo es como capturado, arrebatado, arrancado del sujeto. Ya no puede soltarse. Lo que hay que subrayar aquí es que este secuestro no se debe solo a una fuerza física contra la que no puedo defenderme —también hay que tener esto en cuenta en la situación traumática— sino que, en otro plano, este secuestro se debe a una deflagración que afecta al cuerpo de tal manera que el sujeto queda como separado de él. Ya no puede moverlo. El sujeto se ve a la vez reducido a su cuerpo atrapado en la situación traumática y obligado a renunciar a algo de su cuerpo.

A continuación, el carácter «inarticulado» de la situación traumática. El sujeto no puede decir nada. El silencio, por tanto, no es el de un «quien no dice nada, consiente», sino que significa la imposibilidad del sujeto de responder a la situación a la que se enfrenta. Puede gritar, pero no puede articular una palabra. O su palabra será solo un grito. Este silencio que se produce por primera vez será luego el estigma de la experiencia traumática que no se puede decir. Como si ninguna apertura hacia la palabra fuera a permitir decir la situación traumática. Como si lo que se va a repetir con el hecho traumático es

4. *Ibid.*, pág. 362.

también este silencio como imposibilidad de hablar de él. Ya me he referido a esta extraña temporalidad del trauma, con Freud y el caso de Emma, pero también con el relato testimonial de Vanessa Springora. Treinta años de silencio. Esto no es una contingencia. Allí donde el sujeto no pudo decir nada la primera vez, no podrá decir nada después.

En todo caso, esto es lo que propongo desde la perspectiva psicoanalítica. Es decir, que lo que provocó el trauma sexual se redobla extrañamente en un «no poder decir nada al respecto». Como si una prohibición de hablar de ello viniera a encubrir lo que se ha abierto, lo que se ha quebrado en el mundo del sujeto confrontado con el Otro. El carácter inarticulado de la situación traumática produce, por tanto, un nudo que mantiene inarticulado el acontecimiento. Este «no poder decir nada al respecto» no está determinado únicamente por un contexto histórico o social. El silencio es el mismo que retorna de la propia situación traumática, que cortocircuitó el discurso.

Este «inarticulado» tiene varias dimensiones. En primer lugar, el sujeto no habla por pudor. Como si cierta vergüenza de sí mismo permaneciera en él por lo que experimentó en aquel forzamiento. Como si el goce del Otro también lo hubiera salpicado a él, llevándole a sentirse manchado. El pudor es un afecto que tiene un gran valor en la existencia, lo cual significa que no necesariamente queremos revelar lo que ha afectado a nuestro cuerpo, lo que no entendimos de lo sucedido entonces en nuestra carne. Sentimos que decírselo a alguien conlleva un nuevo peligro, como si la brecha traumática estuviera a punto de abrirse nuevamente. El pudor es el afecto que permite procesar el trauma, en cierto sentido, al no mostrarlo, al velarlo, al no hacer de él un uso público, al mantenerlo en la esfera de la intimidad que no se comparte. Paradójicamente, se da un valor particular al trauma sexual al no compartirlo con nadie, considerando que se necesitarán condiciones particulares de palabra para decirlo. Ello se debe a que se siente que no es un acontecimiento común, sino aparte.

Intentar articular un trauma adquiere siempre, en efecto, el carácter de una confesión. Ahora bien, confesar no es solo decir la verdad, sino intentar decir algo sobre lo experimentado *sin* el consentimiento del sujeto. Aquí está la paradoja. Esta confesión puede entonces debilitar a la persona que no logra que se reconozca lo que ha sucedido en su cuerpo. En cierto modo, esta confesión ya no se refiere a la verdad, sino a lo que Lacan llamó «lo real». No se trata solo de la realidad de lo ocurrido, sino de lo que ha irrumpido en un cuerpo, que ya no es del orden de lo que se puede reconocer en el lenguaje de todos, sino que exige una confianza inmensa en aquel a quien uno se dirige para poder *decirse*. Una confianza inmensa en su ética, en su capacidad de escucha, en su capacidad de creer sin juzgar, en su capacidad de acoger lo rechazado. Este carácter inarticulado del trauma remite pues a algo indecible, que no se sitúa en el nivel de lo que simplemente no es comunicable en público, sino en el de una íntima imposibilidad de decir. Volveré a tratar este punto.

Marca indeleble, inquietante

«Marcado para siempre». Este tercer detalle señalado por Lacan en su frase sobre lo que significa «ceder a la situación» es crucial. Nos devuelve al origen mismo del psicoanálisis. ¿En qué sentido puede haber marcas indelebles? La idea de Lacan es que, a fuerza de hablar en análisis, las palabras, a las que llama con Saussure significantes, acaban por borrarse unas a otras, por borrar las precedentes. A fuerza de buscar la palabra adecuada para decir el núcleo traumático, la realidad del hecho ocurrido para el sujeto busca ser escrita *ad infinitum*. Las palabras justas vienen entonces a reparar la falla. Permiten identificar lo que le fue arrancado al sujeto. Pero ¿qué puede poner un tope a esta narrativa del trauma? Más allá de todas las palabras que se puedan decir sobre el sufrimiento de uno, sobre su historia, también hay algo que no se puede borrar, que no se llega a borrar. Con la marca traumática, el método de borrón y cuenta nueva no funciona. Permanece intocada por las palabras y por el paso del tiempo. Como voy a mostrar, es posible introducirse en otra relación con la palabra, no ya una palabra que encuentra su sentido reprimido, sino que testimonia ella misma del modo en que el choque traumático ha tenido sus repercusiones en la propia relación del sujeto con la lengua.

¿Es posible quedar marcado para siempre por un acontecimiento traumático? Esto no solo puede suceder, sino que es la esencia del trauma psíquico y sexual. Es incluso la esencia misma del trauma. Un trauma es una efracción que deja una huella imborrable. Indeleble. Entonces, ¿de qué sirve hablar de eso, podría uno preguntarse? ¿No sería preferible permanecer en silencio? El trauma nos confronta con el hecho de que la palabra en análisis tiene diferentes aspectos. Un lado por el que nos permite recordar, encontrar piezas perdidas de nuestra historia, de nuestra infancia, muy a menudo; un lado por el cual nos permite, por tanto, tejer una historia del sujeto que se compone de puntos de inflexión correspondientes a los acontecimientos traumáticos que atravesamos.

El primer efecto del psicoanálisis, pues, corresponde a un «tú puedes decir». «Aquí puedes hablar de lo mismo que en otros lugares es rechazado». «Aquí se te cree. Aquí tu palabra no estará bajo sospecha de ser una mentira». Este es un aspecto del lema «Víctimas, os creemos», que los *collages* de feminicidios nos hacen leer en las ciudades de nuestras ciudades. Pero con un cambio gramatical de persona. Las víctimas ya no están en plural y el que cree no es anónimo. En la experiencia del análisis, lo que se encuentran son oídos que dicen «te creo».

Esta dimensión de la creencia es crucial. ¿Cómo se puede volver loca a una mujer, salvo no creyéndola? Georges Cukor lo demostró maravillosamente en su película *Luz que agoniza* (1944). Las palabras de Paula, interpretada por Ingrid Bergman, suscitan constantemente la sospecha de Gregory, quien maniobra para hacer dudar a su mujer de su propio estado psíquico. Paula ha vuelto a olvidar algo, ha perdido otro objeto precioso, ha vuelto a extraviar lo que él le regaló. Paula intenta decirle a su marido que no entiende por qué desapareció la joya que él le regaló, en memoria de su madre: ella estaba segura de haberla dejado en el bolso. Pero él no la cree. La mira primero con un aire de desolación, luego de condena.

No la cree por la sencilla razón de que tras haber asesinado a la gran actriz Alice Alquist, el plan de Gregory es volver loca a su sobrina, con quien él está casado, para heredar las joyas de la tía. Pero Paula no lo sabe. Y Paula se cree amada. Había creído en este encuentro, un poco demasiado rápido, que la llevó a dejar el canto y la música. Había cedido al deseo de Gregory cuando él quiso volver a vivir en Londres, en aquella casa donde la tía de Paula había sido misteriosamente asesinada. Se entregó a ese hombre aun cuando sentía que algo iba a cambiar en ella misma. Sentía cierto miedo. Atrapada en la casa donde una mujer había sido asesinada, se siente atormentada por ella. Ya no sabe quién es ella misma. ¿Es Paula? ¿Es una mujer que pierde la cabeza? ¿Es el asesinato de su tía lo que la obsesiona y la priva de su lucidez? ¿Quizás tan solo se está volviendo loca y está cediendo ante la situación?

No hay límite para las concesiones que Paula puede hacer por Gregory. Consentir en no volver a salir a la calle, rechazar todas las invitaciones, huir del vecindario, permanecer encerrada, no ver a nadie, quedarse confinada en su cuarto para recuperar el ánimo, tratar de olvidar que ha olvidado. Cuanto más duda Gregory de la palabra de Paula, de sus actos, de su memoria, más vacila Paula. Termina por no creer en ella misma. Al final, cede a la situación y renuncia a su relación con la verdad. Termina creyendo a Gregory y, de hecho, sintiéndose al borde del abismo de la locura. Dispuesta a ceder a lo que él quiere: conseguir que consienta en acabar su vida en un manicomio.

Hasta el día en que un hombre, que frecuentaba y admiraba a la tía de Paula, ve a la joven durante la única salida que Gregory le concede. Es durante un concierto ofrecido por una dama de la alta sociedad londinense cuando este hombre, Brian Cameron, inspector de Scotland Yard (Joseph Cotten), la ve y cree reconocer en ella a su tía. La ve y trata de descifrar el enigma de lo que sucede ante sus ojos. El rostro de Paula expresa al principio la alegría de escuchar música junto a su esposo, la alegría de estar finalmente fuera de casa, invitada por una dama que había conocido a su tía.

Entonces, de repente, la angustia parece revelarse en su mirada. Su marido acaba de susurrarle algo al oído. El pánico se apodera de ella mientras hurga en su bolso y no parece encontrar el objeto que busca. Cuando los sollozos que sacuden su cuerpo perturban el concierto, Gregory, consiguiendo lo que quería, la hace levantarse y abandonar la sala. El inspector de Scotland Yard percibe que algo está ocurriendo entre Paula y ese hombre, algo que pone su vida en peligro. Cree sin saber.

Paula está a punto de caer en la locura cuando su esposo desaparece en la buhardilla todas las noches y la engaña haciéndola creer que sufre alucinaciones (la intensidad del gas disminuye, resuenan pasos en el piso superior). Está a punto de «ceder a la situación». Pero, por casualidad, encuentra un objeto que Gregory había negado que existiera, una carta que él había escondido en un libro y que ella había leído. Ahora, esta feliz oportunidad le permite estar segura de lo que sabía. Entiende que el amor en el que creía nunca existió. Y, en este mismo momento, se salva de la locura. Justo a tiempo, justo antes de ceder a la situación por la que Gregory la hace pasar, encuentra su lugar en el mundo. Sabe que lo que ella dijo era verdad. Luego, conocer al inspector de Scotland Yard, que la «cree», le permite encontrarse a sí misma. La historia de Paula demuestra por tanto la importancia de creer. Creer en lo que se testimonia es poder encontrar un lugar donde el trauma, aunque inarticulado, no sea negado, sino alojado y reconocido.

La dimensión de la creencia, cuando un sujeto se aventura a decir algo sobre su trauma, es pues central. El hecho de que le crean a uno forma parte de una ética que concierne a la relación con la palabra. El hecho de que no te crean repite el carácter inarticulado del trauma. Este encuentro con un Otro que te cree presupone ciertas condiciones particulares de la palabra, condiciones que en cierto modo protegen la palabra de todo juicio, condiciones que permiten el advenimiento de una verdad, condiciones que suponen que, a una revelación del sujeto, se le puede dar una respuesta particular. En definitiva, hablar de un trauma sexual puede producir tanto un efecto reparador como un efecto devastador dependiendo de la respuesta que se obtiene. Se necesita un encuentro con un ser a quien decírselo, en condiciones que no pueden ser las del discurso común. Porque lo que me pasó a mí allí no es idéntico a lo que le pasó a otra o a otro. Cada cuerpo se articula con un modo de ser afectado que es propio de un sujeto y que resuena con su historia secreta. Al mal encuentro del trauma, es necesario poder responder, posteriormente, con un buen encuentro con otro que te cree. Pero ¿qué es creer en lo que un ser intenta decir sobre su trauma sexual y psíquico? Creer en la palabra de un ser que intenta decir lo que le sucede no es solo dar fe de la realidad objetiva de lo ocurrido. Es mucho más. Creer, como decía Lacan, «es menos que saber, pero quizás es más».[5] Porque creer es ya comprometerse y comprometer a quien nos habla en su propia palabra, en su propia historia, en la aventura de este desciframiento de la huella indeleble.

Que se crea en tu palabra es aún más necesario cuando se trata de decir algo sobre el trauma sexual. El sujeto cede una y otra vez algo de sí mismo al hablar de ello. No solo revela una verdad oculta. Abre un campo, e incluso reabre un campo que lo dejó al borde de un precipicio. Habla confrontándose con ese imposible de decir, que no debe ser redoblado por un rechazo del testimonio por parte del Otro. Ahí está el riesgo, ese sentimiento de riesgo absoluto que asume quien intenta decir la huella traumática, leerla sin saber.

---

5. Jacques Lacan, «Propos sur la causalité psychique», en *Écrits*, Seuil, «Champ freudien», París, 1995, pág. 164. [Trad. cast.: «Sobre la causalidad psíquica», en *Escritos 1*, Siglo XXI, Buenos Aires, 2010].

Al mismo tiempo que intenta articular lo inarticulado del trauma, el sujeto se acerca a ese abismo donde alguna vez desapareció. Si no es capaz de decirlo, ¿no será que nunca sucedió de esa manera? ¿Podrá la duda cubrir, entonces, lo que queda de la situación traumática? ¿No se volverá irreal todo lo ocurrido si no logra entrar en el mundo del lenguaje? Los momentos de despersonalización que pueden seguir a una experiencia traumática dan testimonio de esa frontera que se ha atravesado, desde el mundo del «consentir» al del «ceder».

Cesión

La experiencia de decir lo que sucedió en el cuerpo, de decir esta «cesión», requiere poder apoyarse en un nuevo pacto, el que se establecerá entre el sujeto que habla y el Otro que le cree. En este punto, el que habla no denuncia. No habla para denunciar o acusar. Intenta encontrar lo que ha perdido y decirlo, porque lo importante entonces para él es intentar confirmar lo que en un principio no se pudo confirmar y dejó una huella indeleble.

«Marcado para siempre», subraya Lacan. Es decir, que esta marca de la que se trata de hablar no solo no se desvanece, resiste el desgaste del tiempo, se mantiene como «un cuerpo extraño»[6] en la carne, para decirlo con Freud y Breuer, sino que además produce algo así como una repetición. El primer tiempo que marcó con hierro candente la carne del sujeto genera entonces una serie, que no significa que el sujeto reviva exactamente lo mismo desde el punto de vista de la realidad de los hechos, sino que experimenta en diferentes momentos es-

6. Sigmund Freud y Josef Breuer, *Études sur l'hystérie*, trad. A. Berman, Puf, París, 1956, pág. 4. [Trad. cast.: *Estudios sobre la histeria*, en *Obras completas*, vol. II, Amorrortu, Buenos Aires, 1999].

tratégicos de su existencia el retorno de lo que no se pudo confirmar, como en un eterno retorno de lo mismo, imposible de decir.

Paralización del sujeto, carácter inarticulado de la situación traumática, huella indeleble. Repitámoslo con Lacan: «lo que se ha producido es algo que da su verdadero sentido al *cede* del sujeto —es literalmente una cesión».[7] ¿Qué es entonces esta cesión, en sentido literal? Aquí es donde la distinción entre «ceder» y «consentir» adquiere un nuevo significado. Entre la entrega y el consentimiento, hay una diferencia patente. *Cedere*, relacionado con *cadere*,[8] significa caer. La cesión que Lacan nos invita a tomar literalmente tiene que ver con el sentido jurídico del término, el de cesión de derechos. El sujeto que cede a la situación traumática abandona su derecho propio sobre su cuerpo. Ya no tiene derecho a su cuerpo. Cae como sujeto abandonado por el Otro, reducido a su cuerpo. El sujeto se ha borrado y ha cedido al poder superior de la situación traumática. Ningún arma le permite enfrentarse a aquello con lo que se encuentra. Ya no es válido ningún derecho. De algún modo se ha visto abandonado por su propio cuerpo, que ya no está allí para asegurarle su vida. Algo de la «identidad del cuerpo»,[9] anterior a la constitución del sujeto, es abducido y perdido.

Cuando he perdido mi cuerpo, ¿cómo reencontrarme? ¿Cómo recuperar ese anudamiento que se deshizo cuando cedí ante la situación? El grito acude para decir lo que el sujeto cede, un pedazo de sí mismo. Experiencia de desamparo. No se puede hacer nada contra eso. Nadie más en esta situación puede protegerlo ya. Ha renunciado a algo y ya nada le une con lo perdido.

7. Jacques Lacan, *L'Angoisse, loc. cit.*, pág. 362.
8. Alain Rey, *Dictionnaire historique de la langue française*, Le Robert, París, 2000, pág. 410.
9. Jacques Lacan, *L'Angoisse, loc. cit.*, pág. 363.

VIII
LENGUA CORTADA

Un día tengo un sueño que me sorprende y hasta me impacta particularmente. Porque no veo de dónde puede venir este sueño, ni de qué se trata y menos aún cuál es su mensaje. Es un sueño que no dice nada, que incluso se refiere a la imposibilidad experimentada de decir. Sin embargo, llevo muchos años en análisis y estoy acostumbrada a prestar atención a mis sueños, luego a asociarlos y sacar de ellos una lección, o al menos un hilo para seguir hablando. Me gusta decir algo en la sesión de análisis y por otra parte siempre encuentro algo que decir. Esta vez le relato al analista el sueño que tuve sin poder decir nada al respecto. ¿Qué es ese sueño que me confronta por primera vez con la experiencia de lo indecible?

«Sueño que voy al despacho del analista, como de costumbre. Me estiro en el diván. El analista se inclina sobre mí y en vez de escucharme hablar me pide que abra la boca. Tengo la boca bien abierta y él me mira fijamente en su interior. Agarra unos alicates y corta pedazos de mi lengua. Me dejo llevar, un poco sorprendida, de todos modos, por lo que hace. Me encuentro al final del sueño con los pedazos cortados de mi lengua en una mano. Los sostengo en mi mano derecha y siento la extraña textura de esa carne tan particular. Me pregunto si aún podré seguir hablando y besando con la lengua cortada. Veo que a pesar de todo puedo hablar. Tiro los trozos de lengua a la basura y me voy». Fin del sueño.

A este sueño, que no se relaciona con mi historia, sino con mi relación con lo que puedo decir o no decir, lo llamé «el sueño de la lengua cortada». No entendí nada de este sueño, que supuse me decía que me estaba separando de algo, de cierta relación con la palabra. Tal vez de mi amor a la verdad. Incluso me dije a mí misma que en ciertos aspectos este sueño era quizás el índice del final de mi análisis. *Final cut.* Me voy, después de desechar sin nostalgia pedazos de lengua. Pero el analista señaló algo que me sorprendió: «Tener la lengua cortada también es "no poder decir"». ¡Vaya! ¿Por qué no se me había ocurrido? ¿Habrá algo que no pueda decir, cuando tengo la sensación de poder decir lo que tengo que decirle, a lo largo de estos muchos años en que he venido a hablarle y soy escuchada? Este encuentro con la imposibilidad de decir inauguró una nueva secuencia de mi experiencia analítica, que ahora dejo de lado. Lo que quiero destacar es la lengua cortada como metáfora del encuentro con un silencio en el corazón mismo de la palabra.

La historia del trauma sexual es siempre la historia de un silencio. Es la historia de una boca que ya no puede abrirse, la historia de una palabra que se detiene en el borde de los labios, la historia de una lengua cortada. No poder decir qué pasó es parte de los efectos del mal encuentro. Esta es también, como decía, la señal de que ha habido una «cesión». Es la señal de que lo que ocurrió fue *sin* mi consentimiento.

Cuando tuve este sueño de la lengua cortada, no conocía la historia de Tereo y Filomela, a la que ahora me referiré. Sin embargo, había buscado en las fábulas, aquí y allá, porque la expresión sobre la «lengua cortada» —que en aquel entonces me recordaba al cuento de Andersen «La sirenita»— me parecía conectar con algo mitológico. Las fuentes más antiguas del mito de Filomela se encuentran en Hesíodo y Homero, luego en Esquilo y Sófocles en el siglo v a. C. Pero la historia completa solo se encuentra en fuentes latinas más recientes, especialmente en las *Metamorfosis* de Ovidio.[1] Así pues, voy a referirme aquí a esta versión.

«Su boca muda no puede revelar lo que ha sucedido».[2]

---

1. Remito aquí a la obra de Timothy Gantz, *Mythes de la Grèce archaïque*, trad. D. Auger y B. Leclercq-Neveu, Belin, París, 2004, págs. 219-422.
2. Ovidio, *Les Métamorphoses*, trad. J. Chamonard, GF-Flammarion, París, 1966, pág. 171. [Trad. cast.: *Metamorfosis,* Cátedra, Madrid, 2005].

El grito de Filomela

Ovidio, a través de la historia de la violación de Filomela, hija del rey Pandión, por parte de su cuñado, el tracio Tereo, nos conduce hasta allí donde el sujeto ya no puede decir nada. A esta violación, de la que Pascal Quignard hace un sutil análisis en *El hombre de las tres letras*, le sigue en el mito de Ovidio un acontecimiento que concierne a la palabra confiscada. Tereo, después de violar a Filomela, le corta la lengua. El mito de Ovidio cuenta la historia del silencio que sigue al trauma sexual.

«Su boca muda no puede revelar lo que ha sucedido».[3]

En efecto, ¿cómo podrá Filomela revelar lo sucedido? Al no tener ya lengua, se queda sin palabras. Ya no puede salir ningún sonido articulado de su boca. ¿Qué ocurrió exactamente? Es «en el fondo de un establo escondido a la sombra de antiguos bosques»[4] donde el tracio Tereo, traicionando a su mujer y al padre de esta al mismo tiempo, abusa de Filomela. Allí franquea lo infranqueable al engañar, en un mismo gesto, la palabra del padre y la confianza de su mujer.

Tereo viola a la hermana de su mujer.

Su esposa es Procne. Ella le había confiado su mayor deseo, el de volver a ver a su amada hermana Filomela, que había permanecido en Atenas en la casa familiar cuando ella la abandonó tras casarse con él. Tereo, a quien no le había pasado desapercibida la belleza de Filomela, acude a Atenas a casa de Pandión, su suegro, para cumplir su misión: devolverle a su esposa su amada hermana. Pandión acepta confiar su segunda hija a su yerno, por amor a Procne y para que las dos hermanas puedan volver a encontrarse. Sus palabras muestran tanto su angustia por dejar que la única chica que le queda se aleje de él para este viaje como la petición que le dirige a Tereo: «Aquí está; querido yer-

3. *Id.*
4. *Ibid.*, pág. 170.

117

no, ya que motivos piadosos vencieron mi resistencia, ya que ambas lo han querido, ya que tú mismo lo querías, Tereo, te la doy. En nombre de la buena fe, en nombre de nuestros amorosos lazos de parentesco, en nombre de los dioses, te conjuro, suplicándote, como un padre: que la cuides con amor y que, a esta hija que es el dulce consuelo de mi angustiosa vejez, cuanto antes [...] me la envíes de vuelta».[5]

Más que una petición, el mensaje de Pandión a su yerno es una súplica.

En nombre de la buena fe, Pandión le entrega lo que más quiere, ahora que Filomela es la única hija que le queda. En nombre del valor de la palabra, accede a separarse de su hija. «Cuídala como un padre», le dice Pandión. Son las leyes del matrimonio, basadas en la palabra, las que le llevan a hacer este pacto con Tereo: «protégela por amor a mí, tu suegro, el padre de tu mujer». Estas son las leyes de la palabra y el lenguaje, que se supone que nadie debe ignorar. Son las leyes de la promesa.

Pero la buena fe ya no existe frente a la exigencia pulsional. La palabra ya no contiene ningún pacto de confianza. Tereo quiere gozar de ese cuerpo, el de la hermana de su mujer. No hay en él un padre, sino un abusador. Cuando pasa al acto, sabe que también apunta al vínculo de hermandad de Filomela con su mujer. La obliga a traicionar a su hermana. El hombre no es ese ser bondadoso y gentil animado por el amor al prójimo, sino un ser que puede sentirse tentado a utilizar sexualmente el cuerpo de otro sin su consentimiento, para hacerlo sufrir e incluso para matarlo, parafraseando la observación de Freud. En efecto, Tereo no es un ser animado por el amor al prójimo. No es un ser bondadoso y gentil. Es un tirano. La exigencia de gozar del cuerpo de la sublime Filomela dicta su conducta. Ya ninguna promesa es válida. El pacto de palabra no frena lo que se le impone a Tereo. *Sin*

5. *Ibid.*, pág. 169.

su consentimiento, lleva a la joven a un lugar donde nadie podrá oír sus gritos.

La joven no entiende de inmediato: ¿dónde está su hermana? ¿Adónde la han llevado? ¿Qué es esta trampa? «Allí la encierra, pálida, temblorosa, presa de todos los terrores y preguntando, con los ojos llenos de lágrimas, dónde está su hermana; luego, sin ocultar ya sus intenciones criminales, violenta a esa virgen, que está sola y que, en vano, con grandes gritos, llama a su padre, a su hermana y sobre todo a los dioses poderosos».[6] En un establo se consuma la violación. Que Filomela apele a un Otro que pueda salvarla también forma parte del goce de Tereo.

Nadie puede oír los gritos de Filomela. Por mucho que Filomela llame una y otra vez, nadie la salvará de las manos de Tereo. Ya no hay dioses para salvarla. Experiencia de *Hilflosigkeit*, podría haber dicho Freud en el siglo XX. Aterrada, «temblando como una oveja asustada»,[7] Filomela cede a la situación. Turbación, pérdida de recursos, terrible soledad ante la pulsión del otro: «¿y yo?», olvidada por todos, donde nadie puede oír su llanto, ella queda reducida a no ser nada más que ese cuerpo del que el otro goza sin su consentimiento.

No callar lo que no se puede decir

Pero, una vez consumada la violación, Filomela vuelve en sí. Recupera la palabra al mismo tiempo que rechaza ese cuerpo del que Tereo gozó forzándola, el suyo propio: «Se rasgó los cabellos despeinados, como en duelo, y, con los brazos magullados por los golpes que se había dado, tendiendo las manos»,[8] increpó a Tereo: «¡Oh, bárbaro que

6. *Ibid.*, pág. 170.
7. *Id.*
8. *Id.*

cometiste esta execrable acción! Oh, cruel —dijo—, ni las recomendaciones de mi padre acompañadas de las lágrimas que el amor paterno le arrancó pudieron tocarte, ni la solicitud de mi hermana, ni mi virginidad, ni los derechos que da el matrimonio. No respetaste nada».[9]

Filomela hubiera preferido que le quitara la vida, ahora que su cuerpo se le ha rendido, ahora que él le ha arrebatado ese cuerpo como si tuviera derecho a hacerlo. Sin embargo, aún con vida, Filomela quiere una expiación. Después del efecto del pavor, después del miedo y el temblor, después del estupor y el dolor, viene la ira.

Filomela no guardará silencio sobre este crimen. Hablará e incluso gritará a todo el universo lo que hizo Tereo en el establo. «Soy yo quien, pisoteando todo pudor, va a decir lo que has hecho; si quedo cautiva en estos bosques, los llenaré con mis quejas y conmoveré a las rocas, mis confidentes. Que el éter escuche mi voz y los dioses, si hay alguno, que lo habiten».[10]

Mediante sus palabras, Filomela recupera algo de lo que ha perdido. Grita su venganza, que consiste en decir. Cruzará la barrera del pudor y denunciará el abominable crimen. No se hará cargo de la vergüenza que le corresponde a él. Hará público su acto y destruirá la fama de Tereo. Hará resonar esta voz y será capaz de conmover al propio cosmos, mancillado por Tereo con su cruel acto. Ella lo avergonzará.

Pero las palabras de Filomela desatan la ira de Tereo, que no ha terminado de hacer uso sexual de ese cuerpo.

«Su lengua todavía protestaba, seguía invocando el nombre de su padre, se esforzaba por hablar; entonces Tereo, agarrándola con unas tenazas, la cortó con un brutal golpe de la espada. Su raíz palpita en el fondo de la boca; la lengua, arrojada al suelo, sacudida por un temblor, murmura sus quejas a la tierra que ennegrece con su sangre. [...] E in-

9. *Id.*
10. *Id.*

cluso después de este crimen —apenas me atrevo a creerlo—, Tereo, dicen, sació repetidamente su pasión sobre el cuerpo mutilado».[11]

Absolutización del goce del cuerpo de una mujer, hasta el punto de mutilarlo, silenciarlo, despojarlo hasta de los medios para decir que ella está ahí. La furia de Tereo ya no tiene límites. No es solo el pacto que hizo con su padrastro lo que traiciona, también la relación con el cuerpo de otro ser humano se derrumba en su desencadenamiento pulsional ilimitado. Queda abolido el respeto del cuerpo vivo. La pulsión de muerte se combina con la pulsión sexual para silenciar a aquella que le devuelve, con sus palabras, el significado del crimen que comete, las leyes que está violando, la civilización misma que de este modo destruye. Para seguir gozando de este cuerpo, debe silenciarlo. Ya que, mientras ella habla, algo de su ser se le escapa todavía. Es preciso privarla de los medios que tiene para despertar su vergüenza aullando su ira y su deseo de venganza. Hay que cortarle la lengua.

La imagen de este pedazo de lengua ennegrecido por la sangre y que sigue murmurando sus quejas a la tierra expresa la desaparición de toda posibilidad de interpelar al otro en la experiencia de la cesión subjetiva. Esta imagen de la lengua cortada expresa metafóricamente el trozo de cuerpo arrancado por el trauma sexual. No es que el sujeto vacile o flaquee, para decirlo al modo de Lacan. Es, en efecto, que cae, como ese trozo de lengua arrojado al suelo. Lo que queda del grito de Filomela, lo que queda de su «no», es esta lengua arrancada, temblorosa todavía, que ha perdido su cuerpo. Yo perdí mi cuerpo.

«Su boca muda no puede revelar lo que ha sucedido».[12]

Silencio forzado de Filomela. Ha perdido la capacidad de decir. ¿El dolor permanecerá en silencio? ¿Cómo decir lo que se ha vuelto imposible de decir?

---

11. *Ibid.*, pág. 171.
12. *Id.*

Sin embargo, aquello de lo que se puede hablar no debe ser silenciado. Filomela no puede seguir existiendo sin decir. Tiene que inventar una forma de que la gente sepa. Debe lograr inscribir este crimen en el campo del discurso. Tenemos que inventar otra lengua. Quizás no sea un lenguaje que se escuche, pero al menos será un lenguaje que muestre lo que ya no se puede decir.

«Pero grande es el ingenio del dolor y la desgracia inspira la astucia. En un telar al estilo de los bárbaros, hábilmente tiende los hilos y, en la cadena de color blanco, con los caracteres púrpura que allí teje, denuncia el crimen».[13] Encerrada, reducida al silencio, Filomela halla cómo conmemorar su trauma tejiendo la historia con un hilo rojo que se destaca sobre un fondo blanco.

Tejiendo la escena es como le hará un lugar en el mundo del otro. Da a leer en un bordado un cuento sin palabras. La imagen de la violación, una imagen bordada en hilo rojo, surge en el lugar del silencio. Filomela, cuando ya no puede hacerse oír, se hace ver. Muestra, a quienes podrán enfrentarse a la visión del crimen, lo que ha ocurrido. El bordado, entregado a una sirvienta, llegará a manos de su hermana. Procne ejecutará entonces un acto que devolverá a Tereo, en la peor de las venganzas, el horror de su crimen.

Pascal Quignard extrae de este mito de las *Metamorfosis* de Ovidio una lección sobre lo que significa la literatura como práctica de escritura. «La literatura es la verdadera vida que relata y recoge la vida dislocada, bloqueada, desordenada, violada, gimiente».[14] La literatura es el canto mudo de Filomela, que desde entonces hay que adivinar en la tela que ha tejido, es la lectura de esas letras que han sido confiscadas por el mundo. Vida violada, metamorfoseada en historia por descifrar, imagen por interpretar, letras secretas por encontrar.

---

13. *Id.*
14. Pascal Quignard, *L'Homme aux trois lettres*, Grasset, París, 2020, pág. 41. [Trad. cast.: *El hombre de tres letras*, Asociación Shangrila, Santander, 2021].

Este mito de Ovidio también contiene una enseñanza sobre el trauma sexual, la palabra y el silencio. Insisto en esa imagen espantosa y metafóricamente tan precisa: una lengua cortada. De lo que se trata en el trauma es de una lengua muerta. De un silencio sobre lo ocurrido. Es un «no poder hablar de ello», como si el encuentro con lo real traumático me hubiera cortado la lengua.

¿Cómo decir entonces, en una lengua viva, precisamente lo que tuvo el efecto de cortarme la lengua, de privarme de la voz, de impedirme hablar? ¿No es esta la pregunta que me hizo mi sueño? El inconsciente, a veces, se anticipa al soñador y le muestra lo que él mismo aún no puede decir.

De lo que cedí, cuando «cedí a» la situación, no puedo decir nada.

IX
¿Quién me creerá?

Lo que me gustaría explorar ahora es este efecto mordaza sobre la palabra producido por el trauma sexual.

Después de lo ocurrido, a veces desearía poder olvidar. Dejar de pensar en ello y borrar lo imborrable. ¿Por qué hablar de eso después de todo? ¿A quién? «Me gustaría tanto prescindir de la palabra»,[1] dijo Confucio. ¿Puede el silencio ser un remedio? El psicoanálisis apuesta por la palabra. Puedes decir algo sobre este indecible. No decir nada no es borrar el acontecimiento. No decir nada es también permanecer atormentado por el trauma.

Pero ¿estoy segura de que mi palabra se mantendrá lo más cerca posible de eso que yo misma no puedo ver con claridad? Cada palabra me parece una traición a la realidad de lo ocurrido. Aquello parece separado del mundo de la palabra, precisamente. La cuestión del silencio sobre el trauma padecido y la dificultad de hablar ya fue identificada por Freud. El silencio de Emma a los ocho años se reitera a los trece años. Es rompiendo este silencio al confiarle a Freud su síntoma —no poder entrar sola en una tienda— como podrá redescubrir el recuerdo más reciente que luego la conducirá al núcleo del trauma. El primer recuerdo, el acontecimiento traumático propiamente dicho, queda marcado con el sello del silencio. Solo las asociaciones de ideas a las que

---

1. Confucio, *Entretiens*, Seuil, París, 2014, pág. 153. [Trad. cast.: *Analectas,* Herder, Barcelona, 2020].

accede Emma desde el segundo recuerdo, el de sus trece años, la conducen ahí: a la escena sin palabras de sus ocho años, la escena donde no entendió nada, ni lo vio venir, la escena que irrumpió en su infancia, la escena en la que su cuerpo se convirtió en objeto de goce para otro en quien, sin embargo, ella confiaba. Porque, cuando eres una niña de ocho años, confías en el tendero que vende chucherías.

Las neurosis histéricas llevaron a Freud a explorar este silencio que él también llama amnesia. El sujeto olvidó. La marca del trauma está al mismo tiempo en este olvido. Lacan llega a hacer de este olvido la definición misma del sujeto: «él puede olvidar».[2] Esta es también la paradoja de la marca indeleble del trauma. Siempre permanece activo, pero el sujeto lo ha olvidado, no logra recordarlo, esto es, decirlo. De esto se trata en la cesión subjetiva. Se ha franqueado lo infranqueable y el sujeto ha olvidado dónde estaba. La conmoción experimentada en el cuerpo le hizo perder sus recursos. Se perdió a sí mismo. Lo notable es que ha olvidado lo que más le preocupa. Olvidó lo ocurrido cuando cedió ante la experiencia traumática, en la que se encontró con la boca cerrada.

La boca cerrada de Dora

Es también lo que le pasó a Dora. A los catorce años, el esposo de una querida amiga de su padre aprovecha un momento en que se encuentra a solas con la joven para abrazarla y besarla en la boca. «Dora sintió en ese momento un asco intenso, se apartó violentamente de él y corrió, pasando al lado de ese hombre, hacia las escaleras y, desde allí, hacia la puerta de la casa».[3] Dora mantiene esta escena en secreto,

2. Jacques Lacan, *L'Éthique de la psychanalyse, loc. cit.*, pág. 264.
3. Sigmund Freud, «Fragment d'une analyse d'hystérie» (Dora), en *Cinq psychanalyses*, Puf, París, 1954, pág. 18. [Trad. cast.: *Fragmento de análisis de un caso de histeria (Dora)* en *Obras completas*, vol. VII, Amorrortu, Buenos Aires, 2000].

como si estuviera avergonzada por él y por ella misma, al mismo tiempo. Pero sigue frecuentando a la pareja K., muy unida a su padre, de tal modo que ella también desempeña un papel en la historia clandestina que se teje entre la esposa del Sr. K y su padre.

Unos años más tarde, cuando Dora tenía dieciocho, el Sr. K se le declara. Caminan juntos por el lago, otra vez solos, los dos, y él rompe el silencio: «Tú sabes que mi mujer no es nada para mí», le dice. Dora no respondió a los catorce, pero esta vez, con dieciocho, lo abofetea. Esta vez tampoco le viene ninguna palabra. Pero es un «no» lo que se profiere mediante esta bofetada dada a quien la había forzado a los catorce años. Quizás Dora, a sus dieciocho años, habría acogido de otra manera la declaración de amor del Sr. K. si esta no hubiera evocado la escena de sus catorce años, en la que él la forzó.

De nuevo, se trata de una temporalidad doble. La respuesta que no pudo pronunciar la primera vez todavía no se puede formular. La bofetada no es una palabra, sino un acto que también cortocircuita su angustia. O, más bien, la angustia experimentada en el cuerpo produce la bofetada. Sin embargo, es la respuesta posterior al hecho del primer trauma, cuatro años después. Es la respuesta que no había tenido lugar la primera vez.

¿Por qué guardó silencio Dora durante estos cuatro años? Necesitó la escena del lago para que se atreviera a decir algo. O sea, también era necesario que el Sr. K pusiera en palabras lo que esperaba de ella, sobre su situación con su esposa, para que Dora pudiera hacer entrar en el mundo de la palabra el acontecimiento. Dora ya no sabe qué lugar darle a ese secreto que había guardado, el secreto que el Sr. K. le arrebató a los catorce años. Sobre este acontecimiento, ella permanece con la boca cerrada. Sin embargo, se decide a denunciar al Sr. K. Pero no es la escena de sus catorce años lo que puede contar, solo la de su cumpleaños número dieciocho. Revela la escena del lago a su madre y su padre.

¿Hizo bien en hablar? ¿La ayudará a saber mejor lo que quiere, en esta situación en la que está atrapada, entre parejas que se forman y parejas que se desmoronan? Entonces sucede algo que no esperaba: na-die la cree. Cuando revela, ante su madre y su padre, que el Sr. K. le hizo insinuaciones, se ve desmentida por todos.

¿Qué vale la palabra de una joven de dieciocho años en 1899, en Viena, comparada con la palabra de un hombre respetable, casado y pa-dre de dos hijos? Su padre, en lugar de creer en la palabra de su hija, en su propia verdad, quiere verificar sus declaraciones. Pide una explica-ción al Sr. K., quien «niega enérgicamente haber dado el más míni-mo paso que pudiera merecer tal interpretación y termina arrojando sospechas sobre la joven».[4] Considerada una mentirosa, incluso por la Sra. K., en cuya confidente se había convertido, Dora se encuentra atrapada por sus propias palabras. La verdad que quería dar a conocer se vuelve en su contra. Al romper el silencio, se encuentra excluida del mundo del otro, de ese pequeño mundo en el que hasta ahora había encontrado un lugar: entre su padre y su madre, entre su padre y la se-ñora K., entre la señora K. y el señor K., sin saber muy bien ella misma lo que buscaba entre ellos.

Si nadie quiere creerla, ¿para qué seguir viviendo? Tras esta libe-ración de su palabra y el rechazo con el que tropezó, Dora deja una car-ta de despedida a sus padres en la que les anuncia su intención de aca-bar con su vida. Sus padres encuentran la carta que había dejado en su secreter, entran en pánico. Entienden que su hija necesita ayuda. El pa-dre, deseoso de ayudar a su hija, la lleva a Freud.

Pero lo destacable es que le habla de su hija a Freud cuestionando su palabra: «Yo mismo considero que la historia de Dora, sobre las pro-puestas deshonestas del Sr. K., es una ficción que se le ha impuesto»,[5] dice. ¿Una ficción que se le impuso? No lejos de volver loca a su hija, como hace Gregory con Paula, con todo, el padre de Dora intuye que

4. *Ibid.*, pág. 16.
5. *Id.*

alguien tiene que creerla. Si él mismo no puede, porque quiere evitar romper con la pareja de los K. para continuar su relación romántica con la señora K., ¿podrá quizás Freud? De hecho, Freud no se dejará engañar por las palabras del padre y estará principalmente interesado en lo que Dora está tratando de decir sobre la crisis que atraviesa. Dora acude a Freud marcada por un síntoma de afonía. Perdió la voz. Como Filomela, a quien le cortaron la lengua, como la sirenita, que ya no puede decir quién es, Dora ya no tiene recursos para hablar de sí misma. Por un extraño hechizo, el trauma sexual y psíquico no solo violenta al sujeto, sino que lo condena a la imposibilidad de decir nada. Dora guarda silencio sobre su sufrimiento. El acontecimiento traumático, en el que cedió sin consentimiento, finalmente encuentra la manera de ser dicho por primera vez, en algún lugar, en aquel despacho del número 19 de la calle Berggasse, donde Freud lo escucha. Nunca le había contado a nadie lo sucedido durante aquella procesión religiosa en la que se había encontrado a solas en la tienda con el Sr. K. y este había aprovechado la oportunidad para abrazarla y besarla a la fuerza.

El resto del trauma, intraducible

El encuentro con un Otro que le cree en lo concerniente a su trauma es, por tanto, un acontecimiento en la vida de un sujeto. Un acontecimiento que puede cambiarlo todo. Porque, finalmente, se abre una puerta donde puede decir sin ser juzgado por la conformidad de sus palabras con la realidad, sino siendo acogido desde la verdad que su palabra trata de articular, la verdad de lo que pasó para él y solo para él. Hay que distinguir esta palabra de la que se puede usar en un juicio. La finalidad no es en este caso la acusación, sino la verdad del sujeto y lo real del cuerpo. Lo que cuenta es que intente articular algo de lo que ha surgido en silencio y, precisamente, de un modo inicialmente inarticulado.

Pero esta ruptura del silencio, mantenido hasta entonces como una mordaza sobre la palabra del sujeto, exige encontrar una respuesta particular. De lo contrario, corro el riesgo de que mi palabra sea desacreditada por el Otro, ya sea por la angustia que probablemente suscitará en él o por un rechazo radical. Cuestionada y considerada como exagerada, incluso ficticia, esta palabra se vuelve entonces contra el sujeto. El trauma es duplicado. Para que la palabra acerca de esta marca indeleble tenga valor, la verdad de mi decir debe ser reconocida, aun cuando yo mismo encuentre un límite en mi decir, aun cuando no alcance a decir toda la verdad, aun cuando me dé cuenta de que hay algo imposible de decir ahí. Esto es lo que está en juego en la palabra sobre el trauma sexual y psíquico.

El valor de mi palabra debe ser acreditado por otro que sepa hacer resonar también su dimensión de silencio. Por tanto, más allá de todo lo que pueda intentar decir sobre la situación traumática, también está todo aquello que resuena en mis palabras sin ellas poder decirlo. Es en esta zona de la palabra, donde se trata tanto de decir como de hacer resonar el silencio, en la que me sitúo cuando se trata de decir lo inarticulado del trauma. Lo sucedido no puede transmitirse completamente mediante palabras, pero, sin embargo, las palabras pueden hacer resonar a través de lo que dicen lo que no alcanzan a decir y que es verdaderamente real. Esta región de lo «real» llevó a Lacan a hablar de «medio decir» para hacer resonar precisamente esta imposibilidad de «decirlo todo» del trauma. El encuentro con una lengua cortada no significa la «no existencia» del trauma sino, por el contrario, la dimensión real de un trauma que ha trastornado tanto mi relación con la lengua que es también en este lugar de la palabra donde experimento sus efectos.

Es pues porque esta marca, a la vez indeleble e ilegible, no logra revelarse de entrada, o hacerse conocer y reconocer, *para* el sujeto y *por* él, que deja huellas, ecos del trauma, sin ser en sí misma el trauma. En suma, está primero esta marca indeleble, luego las huellas que rastreamos, los vestigios de la marca indeleble que encontramos y que tratamos de leer hablando de lo que no llega a revelarse. Hablar del trauma es, entonces, confrontar este nudo de *intraducibilidad*. Es intentar con las palabras «hacer huella de lo que no se ha revelado primero»,[6] tal como lo dice Lacan. Porque lo que sucedió primero produjo un terremoto. De ello queda un agujero. ¿Cómo decir con palabras lo que ya no es cuestión de palabras, sino que ha golpeado el cuerpo?

El psicoanálisis como experiencia de la palabra confronta entonces al sujeto con otra dimensión de la palabra, distinta de la del reconocimiento de la verdad del decir. Lleva al encuentro de lo que es también la impotencia de decir exactamente este trauma. La palabra, al experimentar su insuficiencia, puede, sin embargo, acercarse al meollo del trauma. La tesis de Lacan es, pues, que el sujeto ha sido confrontado con una cesión tal, que encuentra en cada encrucijada de su discurso una evitación de ese real que lo ha marcado. El sujeto trata de decirlo, pero es como si nunca lo lograra. No es por una deficiencia en su palabra que el sujeto no lo consigue, sino por la naturaleza misma de esta marca indeleble que ha irrumpido en el mundo de la palabra. Esta marca es luego conmemorada a través de la repetición y la imposibilidad de decirla realmente. La huella dejada por el trauma psíquico y sexual, poco a poco, llega a ser leída en el análisis como un agujero negro que está ahí, que no tiene sentido, pero que muestra, allí donde el sentido falla, el carácter indeleble del hecho traumático.

Esto es lo que, *a posteriori*, obtuve del sueño de la lengua cortada. Después de haber explorado en mi análisis el territorio de la verdad de mi relato, iba a aventurarme en esta región de lo real. Fue entonces cuando se produjo el sueño de la lengua cortada. Eso es lo que me mostró este sueño, sin poder decirlo. Sí, puedes seguir hablando, pero tu

---

6. Jacques Lacan, «Radiophonie», *loc. cit.*, pág. 428. [Trad. cast.: «Radiofonía», *Otros escritos*, Paidós, Buenos Aires].

discurso ya no podrá apoyarse en tu amor por la verdad. Tu palabra se convertirá en un idioma extranjero, como si tuvieras que hablar un idioma nuevo, pues el que conocías ya no puede enseñarte nada nuevo.

Aquello de lo que no se puede hablar no hay que callarlo.

A qué tuve que ceder, debo intentar decirlo de todos modos.

El desencadenamiento pulsional de Tereo contra Filomela habla del efecto devastador del encuentro con lo real para el sujeto. El trauma sexual, el trauma de guerra, el trauma psicológico, tienen consecuencias en el cuerpo y en la palabra. La dimensión de lo trágico reside en esta experiencia de la lengua cortada, testigo de la imposibilidad de decir lo que queda del acontecimiento. Pero topar con este punto de lo indecible implica también inventar algo, como Filomela con su bordado, como Emma con su miedo a no poder entrar sola en una tienda, como Dora con su afonía y su deseo de hablar con Freud de inmediato. Hay que inventarse una lengua propia, así como Virginia Woolf diría *un lugar propio*. Aventurarse en este territorio de lo real implica deletrear las letras de un nuevo alfabeto, las palabras de un idioma desconocido que hablo sin saberlo, para decir lo que me afectó en mis carnes. Es esta lengua viva por inventar lo que está en juego en el psicoanálisis, pero también en el arte y en particular en la literatura. Una lengua que puedo hablar desde lo más íntimo de mi ser, donde encontré un lado de lo real que me dejó sin palabras.

X
RESUCITAR EL SILENCIO,
PODER REGRESAR

«El silencio que había reinado durante la guerra y poco después fue como tragado por un océano de palabras. Estamos acostumbrados a rodear de palabras las grandes catástrofes para protegernos de ellas. Las primeras palabras de mi mano fueron súplicas desesperadas por encontrar el silencio que me había rodeado durante la guerra y traerlo de vuelta. Con el mismo sentido que tienen los ciegos, comprendí que en este silencio estaba escondida mi alma y que, si lograba resucitarla, tal vez la palabra volvería».[1]

¿Cómo recobrar la palabra cuando ha habido un encuentro traumático, cuando la experiencia de la lengua cortada me ha privado de la posibilidad de hablar? ¿No deberíamos volver a una forma de silencio para hacer resonar una palabra nueva, ajena al discurso de todos, una palabra que fuera verdaderamente específica de la cesión subjetiva con la que tropecé?

Resucitar el silencio a través de la escritura, tal es el camino elegido por el escritor Aharon Appelfeld en un intento de averiguar qué sucedió en su cuerpo cuando era un niño de diez años durante la Segunda Guerra Mundial. El trauma siempre vuelve a despertar la angustia del niño a quien ya no le quedan recursos, el desamparo del que llama y nadie lo oye, la soledad de un ser al que nadie responde. En su relato

---

1. Aharon Appelfeld, *Histoire d'une vie*, trad. V. Zenatti, «Points», París, 2005, pág. 116. [Trad. cast.: *Historia de una vida*, Península, Barcelona, 2005].

Historia de una vida, Appelfeld resucita el silencio del trauma de la guerra que vivió de niño.

Cuando un trauma singular, con el que un ser topa en la intimidad de su existencia, coincide con un trauma histórico, un trauma «colectivo», como es en particular el caso de la Segunda Guerra Mundial, se plantea el problema de cómo recuperar una palabra singular sobre lo que le ocurrió a uno. Las palabras ajenas acerca de una catástrofe histórica, el *océano de palabras*, para decirlo con Aharon Appelfeld, pueden tener un efecto retroactivo paradójico: al mismo tiempo, el reconocimiento del acontecimiento en su realidad histórica y el desconocimiento de la singularidad del efecto del acontecimiento en mi ser. Como si demasiadas palabras, demasiados discursos ruidosos, demasiadas interpretaciones masivas acabaran silenciando otra cosa: la experiencia única de cada uno. Como si el «Nosotros» impusiera silencio al «Yo».

Aquí es donde el testimonio en primera persona adquiere un valor inédito. Para poder encontrar el modo de escribir lo que vivió de niño durante la Segunda Guerra Mundial, él solo en los bosques ucranianos, tras haber sobrevivido a la muerte de sus padres en un campo de concentración, Appelfeld argumenta la necesidad de resucitar el silencio. Como si en un momento determinado, después del trauma, la palabra solo pudiera tener valor si se separa del silencio. Como si hacer silencio en uno mismo también permitiera redescubrir algo de la huella traumática en su carácter menos comunicable pero más real. El *océano de palabras*, cuando proviene de otros, también tiene el efecto de privar al sujeto de sus propias palabras. La dificultad para él era, dice en *Historia de una vida*, «conservar el "yo" forzado a ser lo que no podía ni quería ser».[2] «Nosotros» nunca hemos vivido «lo mismo», aunque el trauma del nazismo sea parte de la historia de los pueblos que sufrieron sus efectos destructivos. Cada ser ha sido tocado de una ma-

2. *Ibid.*, pág. 128.

nera que solo él puede hacer real, mediante un testimonio, una palabra, una escritura, una obra.

Lo que se plantea, por tanto, es cómo reconectar con el país de las palabras a partir de un acontecimiento que irrumpió en el mundo de las palabras y de la vida.

Trauma sexual, trauma de guerra, el trauma incluye siempre, además del allanamiento corporal, un choque psíquico, que crea silencio: ¿cómo encontrar la palabra cuando esta se ha visto reducida al silencio?

«Durante muchos años estuve inmerso en un sueño amnésico. Mi vida fluyó en la superficie. Me había acostumbrado a los sótanos enterrados y húmedos».[3]

Es al corazón de este silencio de la cesión subjetiva a donde estoy llegando dentro de este recorrido también clínico y político, filosófico y literario, dejándome guiar por este aforismo: «ceder no es consentir». En este lugar, a veces es necesario el silencio para poder decir, sin que el *océano de las palabras,* el blablá de nuestros discursos actuales, el flujo continuo de conversaciones permanentes lleguen a cubrir la huella indeleble del trauma.

Ceder al miedo a la guerra

Después de haber explorado los efectos del trauma sexual, Freud en 1920 abordó otro aspecto del trauma, derivado de la catástrofe de la guerra. Se podría decir que el trauma de la guerra es, para los soldados, lo que el trauma sexual es para los primeros pacientes de Freud que sufrían síntomas histéricos.

La afirmación «ceder no es consentir» se aplica tanto al trauma de guerra como al trauma sexual. Podría empezar por diferenciar entre

3. *Ibid.,* pág. 10.

el soldado que consiente, el que cree en su lucha, y el soldado obligado a ir a luchar cuando no cree en ella. En efecto, existe una primera etapa del forzamiento que consiste en enviar al combate sin su consentimiento a hombres que no ven el sentido de la guerra que libra su Estado. Pero esto no es suficiente para explicar el trauma de la guerra. Esto es redoblado por la vivencia de una situación de barbarie que produce una cesión subjetiva. El soldado puede obligarse a cumplir órdenes sin creer en ellas. Pero el momento de vuelco surge por la exposición a un choque concreto que actúa como una deflagración sobre el psiquismo. Este momento de cesión subjetiva también puede darse en el soldado que consiente, que cree en la guerra que está librando y que, sin embargo, no estaba preparado para enfrentarse a lo que la guerra le obliga a experimentar.

Una vez más, la distinción entre «consentir» y «ceder» es crucial. Que el soldado regrese del campo de batalla no solo con una herida de guerra, sino con un trauma psíquico, demuestra la fractura que produjo el acontecimiento para el cual no pudo prepararse. El trauma de la guerra hace visible esta frontera entre «consentir» y «ceder». Se podría decir que, cualquiera que sea el compromiso subjetivo de un soldado en la guerra en la que participa, este compromiso nunca equivale a una preparación. Stanley Kubrick lo demostró en su película sobre la Guerra de Vietnam. Cualquiera que sea la preparación de los soldados, por severa y violenta que sea, nunca les protegerá de lo que les tocará vivir. Nunca estarán listos.

Dividida en dos partes, *La chaqueta metálica* (1987) muestra esta brecha. Entre la preparación de los soldados, que ocupa la primera parte de la película, y la llegada a tierra en Vietnam (que ocupa la segunda), no hay conexión. Nada puede armarlos contra lo real de la guerra. La guerra es siempre confrontación con una situación que irrumpirá en el psiquismo del sujeto. Por eso, en este caso, aunque el soldado consienta —si es el caso—, se encuentra frente a algo muy diferente de aquello a lo que consintió.

El encuentro con un trauma de guerra pone al descubierto lo que es una cesión subjetiva. ¿Cómo explicar la pesadilla que despierta al soldado al confrontarlo con la repetición del horror vivido? ¿Cómo explicar que aquello a lo que el sujeto cedió en la situación bélica traumática le vuelva a través de sus pesadillas? Los efectos psíquicos de la guerra en los soldados que regresaban del campo de batalla llevaron a Freud a revisar su teoría de los sueños como realización de deseos. El mundo psíquico del soñador traumatizado se ha vuelto angustiante y nada tiene que ver con la realización de un deseo. El trauma tocó la raíz de la psique, afectando a la función misma del sueño. Ya no es solo el hombre despierto y consciente el que experimenta los efectos de la situación traumática, también es el soñador cuyo inconsciente ya no logra realizarse en un sueño. El sujeto, incapaz de volver a soñar o incluso de dormir —el sueño ya no cumple su función de guardián del sueño— se enfrenta al enigmático retorno de la escena traumática en el corazón de la noche. Lo que no pudo decir, lo que no pudo responder, lo que tuvo que ceder, vuelve a él *a través* de la pesadilla. Luego se despierta sintiendo el miedo que experimentó la primera vez que cedió a la situación.

Los signos de la neurosis traumática, señala Freud, llevan la marca de un intenso sufrimiento subjetivo, más pronunciado que los signos de la neurosis histérica que encontró por primera vez cuando se aventuró a descubrir el inconsciente. En relación con el tema del trauma de guerra, Freud distingue tres afectos: pavor, miedo y angustia. De Kierkegaard a Sartre, pasando por Heidegger, la distinción entre miedo y angustia es central en la filosofía existencial. El miedo es miedo frente a un objeto conocido, un fenómeno que ocurre en el mundo. En definitiva, cuando tengo miedo, sé de qué tengo miedo: «El término miedo supone un objeto indefinido del que se tiene miedo».[4] La ob-

---

4. Sigmund Freud, «Au-delà du principe de plaisir», en *Essais de psychanalyse*, Payot, París, 1981, pág. 50. [Trad. cast.: *Más allá del principio del placer*, Akal, Tres Cantos, 2020].

servación clínica de Freud coincide aquí con el existencialismo. El miedo tiene un objeto. Pero, en relación con la angustia, Freud plantea lo que solo la clínica puede hacer constatar. La angustia no es angustia ante la nada, ante la existencia o ante la libertad. La angustia en el sentido de Freud es un afecto del cuerpo que señala un peligro.

«El término angustia designa un estado caracterizado por la espera del peligro y la preparación para él, aunque sea desconocido».[5] El significado que Freud le da aquí a la angustia es el de una señal en el cuerpo de un peligro por venir. En este sentido, la angustia es protectora. Si el sujeto no ha percibido el peligro, puede sin embargo apoyarse en la angustia experimentada para prepararse para un acontecimiento que podría amenazarlo, hacerle correr un riesgo vital e instintivo. La angustia, pues, precede al peligro anticipándolo en el cuerpo.

Es en cierto modo una oportunidad para que el sujeto experimente la angustia antes de encontrarse con la situación que lo pone en peligro. El sujeto angustiado siente que algo le puede pasar y ya puede protegerse de ello, aunque ese algo permanezca desconocido. Hablamos, pues, de «angustia» cuando la señal de peligro se produce en el cuerpo como un afecto que presagia una secuela, sin que el sujeto sea capaz de identificar un objeto que le angustia. Hablamos de «miedo» cuando nos encontramos con una situación ligada a un peligro localizado en el mundo exterior. Cuando tengo miedo, puedo huir de este peligro externo. Cuando estoy ansioso, no puedo huir, porque no sé lo que va a pasar. Sin embargo, me estoy preparando para ello. Esto hará que Lacan diga que la angustia «no es sin objeto», es decir que sí hay algo que me preocupa, pero que esa cosa no puede identificarse como un objeto del mundo, como en el caso del miedo. Está allí, pero no sé dónde. Tal vez esté incluso en mi cuerpo. Tal vez hasta se identifique con la señal que a veces me lleva a experimentar, más allá de la angustia, el pánico.

5. *Id.*

Pero ¿cuáles son los efectos de un peligro con el que se tropieza «sin» estar preparado para él? ¿Qué sucede en este cuerpo, hasta entonces mío, al irrumpir la situación traumática, cuando nada me ha permitido prepararme para ella, defenderme de ella, protegerme de ella, refugiarme en otra parte? El afecto que Freud aísla es el del pavor. La experiencia de la cesión subjetiva en el trauma no es la angustia ni el miedo, es el pavor. Y cuando el pavor aparece, ya es demasiado tarde. Freud lo define exactamente como «el estado que surge cuando uno cae en una situación peligrosa sin estar preparado para ello».[6] El pavor siempre va con esta falta de preparación. En ese lugar, «ceder» podrá abrir camino, cortocircuitando el tiempo de la angustia que no pudo ocurrir.

«No creo que la angustia pueda causar una neurosis traumática; hay algo en la angustia que protege contra el terror y, por lo tanto, también contra la neurosis de terror».[7] El sujeto es sorprendido por un peligro que irrumpe sin que ninguna expectativa del peligro precediese al acontecimiento. No solo no se ha dicho nada al respecto, tampoco se percibió, ni se sintió en el cuerpo. El sujeto cae en una trampa. Su sensibilidad a las palabras del otro, a la voz, a la mirada y también a los gestos del otro ha sido violentada.

De repente algo se resquebrajó, sacudió el suelo bajo mis pies y me hizo desaparecer, como si hubiera caído en un pozo sin fondo. Era demasiado fuerte, demasiado intenso, demasiado ruidoso, demasiado violento. Eso no era para mí y, sin embargo, ahí estaba yo. Me encontré privada de mí, sin voz, gritando mi angustia o callando mi terror.

Así, el aforismo «ceder no es consentir» se puede entender muy bien desde el punto de vista del sujeto que cede a la situación de un encuentro con el terror. En definitiva, es de un viaje al fondo del infier-

---

6. *Id.*
7. Sigmund Freud, «Au-delà du principe de plaisir», *loc. cit.*, pág. 50.

no de lo que se trata en el trauma y en una compulsión de repetición inexplicable desde la lógica de la conciencia o la razón. En ella reside el misterio. ¿Por qué la experiencia traumática retorna en las pesadillas de los soldados que regresan del campo de batalla? Freud descubre que la propia psique puede haber recibido el impacto de lo que sucedió en el cuerpo, provocando un cortocircuito en la angustia; «la vida onírica de las neurosis traumáticas se caracteriza por llevar constantemente al paciente a la situación de su accidente, situación de la que se despierta con un renovado terror».[8] Este es verdaderamente el efecto del trauma. Es este regreso. Ese eterno retorno que nadie puede desear pero que, sin embargo, se impone como una pesadilla repetida hasta el infinito.

Esta es la pesadilla del trauma: lo vivido una primera vez reaparece en un eterno retorno en la vida psíquica. Como si lo que no se hubiera podido entender la primera vez, lo que había producido una explosión en el cuerpo sin que hubiera sido posible ninguna preparación, lo que había surgido a modo de una terrible sorpresa no dejara de volver, para inscribir un mensaje que no se inscribe. Porque lo sucedido no entra en el mundo de las palabras, lo fractura.

El trauma de la guerra le enseña a Freud que el hecho traumático no solo deja una huella que no sufre el desgaste del tiempo y que parece indeleble —esto lo había podido observar en los traumas psíquicos y sexuales—, sino que tiende a ser constantemente reproducido en la vida psíquica del sujeto. Esto es lo que llamará la manifestación de una compulsión de repetición. También podemos llamarlo el destino de un sujeto, en la medida en que está escrito para él desde su trauma singular. El hecho traumático, en definitiva, ha hecho estallar el entramado de espacio y tiempo. Ya no puede ser aprehendido por las formas clásicas de la experiencia sensorial. Ocurrió, sin poder ser percibido y cap-

8. *Ibid.*, pág. 50.

tado por la sensibilidad y el pensamiento. Irrumpió sacudiendo la estructura misma dentro de la cual la vida psíquica tiende a desarrollarse. Atravesó el mundo de las palabras y oscureció el mundo.

El viaje de Nick al final del infierno

¿Qué le pasó a Nick y por qué no volvió cuando terminó la guerra de Vietnam? Nick nunca volverá porque ya no puede volver. Cedió a una situación traumática que lo condenó a una infernal repetición. Este es su viaje al fondo infierno. La escena tuvo lugar mientras él y sus compañeros estaban presos en la selva y sus carceleros los obligaban a jugar a la ruleta rusa. De dos en dos, enfrentan a cada prisionero a este juego, apostando a quién le saldrá la bala cuando apriete el gatillo. Una bala en el revólver y dos hombres jugando. Al cabo de cierto número de vueltas, la bala se dispara y mata. Necesariamente, uno de los dos morirá, mientras que el otro permanecerá vivo.

Primero es el turno de Mike (Robert De Niro) obligado a jugar con Steve (John Savage). Durante el juego, Steve esquiva la bala que le iba a perforar el cráneo. Los carceleros siguen apostando. Mike, de vuelta en la jaula de bambú, ha tenido tiempo de ver y contar: necesitará tres balas para matarlos, tres balas con las que tendrá que jugar multiplicando el riesgo de morir, uno y otro, pero apostando por el *kairós* para sorprender a los torturadores. Es el turno de Nick (Christopher Walken). Es con él con quien Mike debe jugar ahora. Le ha contado su plan, y a Nick empieza a invadirle el terror. Tres balas en lugar de una. Nick se aferra a la mirada de Mike, se aferra a su palabra, a su voz, para combatir el terror, para poder jugar como Mike le ha dicho. Nick siente que no lo logrará, que no puede enfrentar esta situación. Mike está preparado para ello. Robert De Niro encarna la posición heroica de alguien que ha cruzado la barrera de la muerte y que puede afrontar la situación sin ceder al miedo.

Tres son las balas que necesita para acceder a jugar, eso es lo que les pide a los verdugos. Los carceleros no entienden nada, pero consultan entre ellos y les conceden tres balas. Se ríen, Mike también se ríe, como arrebatado por una locura mortal, poseído por este juego de vida o muerte. Nick consiente, porque no tiene otra opción. También consiente porque confía en Mike, pero su cuerpo dice «no». Cada vez que aprieta el gatillo apuntando a su sien, fuerza los límites de su cuerpo. Lo inaudito de esta escena de la película de Michael Cimino es que se sumerge todo lo que es posible en ese momento en el que el consentimiento da lugar a la cesión subjetiva.

Nunca se había visto en el cine una escena como aquella en la que Nick y Mike se enfrentan, bajo los gritos de sus carceleros. Nunca se había visto así, como lo vemos en la mirada de Nick, este momento en el que el sujeto cede a la situación. Mike le pide que haga exactamente lo que dice. Jugar a la ruleta rusa apuntándose la pistola a la sien, con las tres balas en el revólver y concentrándose solo en su voz y su mirada. Nick quiere olvidar que tiene miedo de morir, quiere creer en la palabra de Mike, aunque esté aterrorizado. Quiere consentir a confiar en él. Pero al hacerlo, atraviesa el límite del sentimiento de vida. Se obliga a sí mismo a desprenderse de su propio sentimiento de estar vivo para ejecutar lo que dice Mike.

Para que Mike pueda pasar al acto tomando a los carceleros por sorpresa, Nick debe disparar una vez. Es necesario que juegue el juego de la muerte. Debe correr el riesgo, porque solo con esta condición los carceleros también serán sorprendidos y entonces podrá matarlos cuando menos lo esperen. ¿Qué significa que en este momento Nick *cede* a la situación? Literalmente significa que se obliga a sí mismo a hacer lo que le despierta el mayor terror. Se pega un tiro en la sien, como si consintiese en suicidarse para jugar frente a los demás.

Esta escena, quizás una de las más sobrecogedoras del cine bélico, consigue visibilizar la experiencia del trauma como trauma psíquico. Nick no puede dispararse a sí mismo en la sien. Cede bajo los golpes que le infligen los carceleros. Se aferra a la mirada de Mike. Ya solo existe a través de lo que lo une a esta mirada, la de su amigo. Dispararse en la sien, cuando no había consentido a hacerlo, es para Nick ceder ante la situación y considerarse ya muerto.

Le toca a Mike arriesgar su vida. Su rostro, antes de pasar al ataque, se tensa en una extraña sonrisa, como tomado por la embriaguez del juego. En una fracción de segundo, mientras los carceleros lo miran alucinados, desvía el tiro del revolver hacia uno de ellos, se apodera de la metralleta y mata a los otros dos. Mike lo ha conseguido.

Nick ya no será capaz de separarse de Mike. Nick ya no podrá encontrarse a sí mismo, recobrar su cuerpo sin el cuerpo de Mike, sin su mirada también, de la que trató de sacar fuerzas para hacerlo. Separado de Mike cuando un helicóptero estadounidense llega para sacarlos del infierno, Nick grita.

Una vez acabada la guerra, tras haber perdido a Mike, Nick no podrá dejar de jugar. Ya no podrá volver. Permanecerá apegado a la escena traumática, repitiéndola no solo en sueños, sino también en la vida real. Su vida es esa pesadilla que describe Freud a partir de las neurosis de la guerra. Su vida reproduce, por su cuenta, el terror de perderla. Porque el trauma de Nick no es solo haber tenido que arriesgarse a morir, es haber tenido que jugar a suicidarse. El consentimiento de Nick, que era un «sí» a Mike, fue aplastado por el trauma. El forzamiento de su cuerpo deshizo su apego a la vida. Sin Mike, ya no podrá existir.

Nick nunca abandonará Saigón y ya no vivirá ninguna otra cosa más que esta escena de la ruleta rusa, juego en el que participará en los barrios bajos de la ciudad. Ganará dinero con este juego, porque ya no tiene miedo. Algo de la relación con el miedo y la angustia ha sido atravesado para siempre. El terror era tal, que ya solo puede repetir lo que lo hizo desaparecer una primera vez. *El cazador* (*The Deer Hunter*, 1978), de Michael Cimino, muestra a través del trágico destino de Nick lo que significa la compulsión de repetir y el infierno al que condena al sujeto.

El relato del trauma, *colgajo de discurso*

Resucitar el silencio es poder volver de él.

Es regresar de un modo distinto que fijado al trauma, obsesionado por los lugares donde aquello ocurrió. En definitiva, hay dos formas de volver: la que nos condena a volver repitiendo lo que pasó y la que conduce a volver con palabras, hablando, escribiendo, para volver uno en sí.

Regresar es tratar de encontrar, en la lengua de uno, la más cercana al cuerpo, los efectos de las palabras sobre el cuerpo, una voz que dé lugar a un relato del acontecimiento traumático. A veces, la escritura puede convertirse en el lugar donde se dice eso indecible del trauma. A veces, la soledad, el silencio, los reencuentros con una intimidad perdida son los caminos que conducen a reencontrar la palabra. Algunos, como el artista Christian Boltanski, hacen resonar latidos del corazón dentro de una obra de arte, como para hacer oír el interior del cuerpo bien vivo más allá de las palabras. Otros, como Philippe Lançon, encuentran un apoyo en la belleza de las fugas de Bach, interpretadas por el pianista Zhu Xiao-Mei, para reconectarse con la sonoridad del mundo. Como si la relación con el vacío se impusiera para recuperar el aliento perdido.

«Volvía a leer un poco los diarios, en internet, y me quedé estupefacto, yo, el periodista a quien no debía sorprenderle esa prodigiosa capacidad del mundo contemporáneo para parlotear, con explicaciones y comentarios, sobre todo y sobre cualquier cosa».[9] Como Aharon Appelfeld, Philippe Lançon escribe sobre la necesidad de resucitar una forma de silencio para poder volver. Se necesita tiempo para que se desenrede la palabra sobre el trauma. El relato del trauma se asemeja

---

9. Philippe Lançon, *Le Lambeau*, Gallimard, París, 2018, pág. 274. [Trad. cast.: *El colgajo*, Anagrama, Barcelona, 2019].

más a «un colgajo de discurso»,[10] para decirlo con Lacan, que a un océano de comentarios. Es fragmento, pedazos dispersos, trozos de texto con agujeros que intentan hacer existir en el mundo de la palabra lo que de él ha sido excluido. El océano de comentarios, la avalancha de análisis, los esfuerzos por explicar, que acudían para dar sentido a lo ocurrido, al mismo tiempo encubrían algo. El relato de Philippe Lançon produjo un silencio en medio de esos discursos que ya no concernían a lo real del trauma, de tantas razones, de tantas explicaciones, de tanto sentido como inyectaban allí donde lo que irrumpió había perforado el mundo del sentido.

El colgajo, publicado en 2018, consiguió al fin relatar el acontecimiento traumático del año 2015 en Francia.

El título elegido por Philippe Lançon, *El colgajo*, lo toma prestado del lenguaje de la cirugía para hablar, más allá de la cirugía del cuerpo lesionado, de la cirugía del propio ser. Usaré una expresión de Lacan para designar el efecto del *colgajo*: produjo un *punto de capitonado*.[11] Cosió algo que había quedado abierto en vivo. La resurrección del silencio pasa así, a veces, por la literatura. Narrativa, ficción, testimonio, la palabra escrita permite hacer surgir otro lenguaje. La lentitud de la escritura puede ser salvífica, porque el tiempo de decir requiere por fuerza el silencio que se impuso una primera vez y que dejó a un ser privado de lenguaje. La lectura es también, entonces, un momento de separarse del murmullo del discurso para dejarse envolver por la voz de una sola persona.

Mientras la palabra, el comentario, los medios de comunicación, los diarios, no habían dejado de hablar, desde enero de 2015, para encontrar el sentido de lo que había ocurrido a partir del 7 de enero y has-

10. Jacques Lacan, «La psychanalyse et son enseignement», en *Écrits, op. cit.*, pág. 446. [Trad. cast.: «El psicoanálisis y su enseñanza», en *Escritos 1*, Siglo XXI, Buenos Aires, 2010].
11. Tipo de punto que genera acolchados con dibujos regulares en relieve. [N. de E.]

ta finales del año 2015, Philippe Lançon escribía sin tratar de dar sentido. Este libro hizo callar a lo que él llamó *la abyección del pensamiento* que era querer dar sentido inmediatamente al acontecimiento. Precisando el lugar del trauma, la angustia que surge cada noche en la habitación 106, la locura misma de «ser prisionero del acontecimiento cruel e impensable»,[12] este relato cierra algo del agujero que se abrió aquel año en Francia para todos. En este sentido, produce un *punto capitoné*. Solo una narración literaria, solo un esfuerzo de escritura de lo que permanece imposible de decir podía tener este efecto. Es el efecto singular de la literatura poder tratar al fin un hecho que causó un trauma colectivo, pasando por el lenguaje escrito de uno solo.

La historia de Philippe Lançon enseña algo sobre la cesión y sus efectos. Muestra que ya no se trata de encontrar el sentido, de revelar la verdad, sino simplemente de seguir el hilo de lo real. *El colgajo* es la historia de un regreso del mundo de los muertos a través de la escritura. La escritura de lo real es eso, un esfuerzo por volver. Lançon cuenta la historia de lo que Freud llamó lo inasimilable. Ese es el término que aún no había pronunciado. Lo inasimilable del trauma se impone después del acontecimiento. Lo que no puede ser asimilado, ni por el cuerpo ni por el mundo de las palabras, queda ahí, intacto, amenazante, sacudiendo los cimientos del ser.

¿Cómo volver a hablar entonces? Philippe Lançon inventa una trayectoria: volver a lo que sucedió antes, redescubrir los acontecimientos de la infancia despertados por el mal encuentro con lo real, dar la vuelta a lo que permanecerá imborrable para siempre. Hay que acercarse al *monstruo de la mente*[13] con *El arte de la fuga* de Bach, sin dejarse tragar. El relato de lo real adquiere la forma de un relato del cuerpo, un relato de sensaciones, un relato de vibraciones. Retomaré las pala-

12. *Ibid.*, pág. 209.
13. Philippe Lançon, «Les monstres de Bomarzo», *Ornicar*, 2020, n° 53, pág. 50.

bras de Appelfeld en su *Historia de una vida* para decir aquí lo que es este libro. «Este no es un libro que plantea y responde preguntas. Estas páginas son la descripción de una lucha».[14]

Quizás sea esto seguir el hilo de lo real. Las preguntas y las respuestas no pueden ceñirse a lo real porque buscan demasiado la verdad. El hilo de lo real es un hilo que no es fácil de encontrar, porque no es el del sentido. Es el de lo que ocurre en el cuerpo y que llega a hacer temblar nuestra relación con la lengua.

En Lançon, seguir el hilo de la realidad significa escribir sobre el hospital como un lugar aparte, el hospital refugio, el hospital donde estar a cubierto, el hospital segunda piel que protege contra la violencia del mundo. El hospital no es solo un lugar de encierro, sino un mundo cerrado, donde puede renacer de la catástrofe. «Estas habitaciones se habían convertido en mis puertos, mis cabañas».[15] En el hospital, la relación con la palabra es lo más cercana posible al cuerpo que está siendo cuidado. Paradójicamente, este cuerpo traumatizado encuentra el modo más próximo a ser dicho en una lengua a su vez traumatizada por un régimen totalitario. «La neolengua de Gran Hermano en *1984* me permitió formalizar, sin decirlo, lo que sentí en la primera de mis habitaciones: mi estado flotante era el de *vivomuerto*, el reflejo que le convenía era el de *síno*».[16]

Y luego están los que habitan el hospital: Christian, el enfermero de noche, a quien llama «hermano Morfina», Linda, la auxiliar, Annette-la-de-ojos-claros, la enfermera anestesista, y luego Chloé, la cirujana. El vínculo que se teje con ella, que le devuelve un rostro, la cirujana estomatóloga, es fuera de lo común, ni amor ni amistad, sino pura confianza. Chloé se convierte en el Otro a quien puede confiarse. Ella se convierte en lo que Freud llamó el *Nebenmensch*, el Otro con quien

14. Aharon Appelfeld, *Histoire d'une vie, op. cit.*, pág. 10.
15. Philippe Lançon, *Le Lambeau, op. cit.*, pág. 138.
16. *Ibid.*, pág. 135.

se cuenta. No hay más remedio que confiar en sus palabras para hacer revivir el cuerpo.

«Chloé, mi cirujana, considera que ahora tengo que dejar el hospital para volver a la vida muy pronto».[17] El colgajo, el término que utiliza para nombrar el autoinjerto, es también la palabra que nombra el relato sobre lo real, relato que da testimonio de un cuerpo que resucita mediante la literatura.

Así, hay lo que vale la pena decir, y también lo que vale la pena escribir y leer. Porque escuchar, leer la solución de una sola persona, su respuesta a lo real, le transmite a cada uno una dirección, una dirección que se puede tomar para responder, a su vez, a lo que le causó el trauma.

El verano en que terminé de leer *El colgajo* no pude leer otro libro. Había sucedido algo tan fuerte que luego no podía dar cabida a ninguna otra historia. Hacía falta un tiempo para hacerse al ser recobrado. Un tiempo para que la prosa de Lançon siguiera viviendo, un tiempo para respetar antes de que otras palabras, otros libros, puedan suceder también a este.

Había que resucitar el silencio.

17. *Ibid.*, pág. 393.

XI
CONSENTIMIENTO A SER OTRO
PARA UNO MISMO

Tras este viaje al final del infierno del trauma de guerra, tras esta resurrección del silencio y este lugar para los relatos en primera persona del trauma, quiero volver al amor y al enigma del consentimiento, que fue mi punto de partida. Quiero haceros respirar de nuevo, por contraste, el aire del consentimiento, que no es el de la cesión subjetiva.

¿Por qué el consentimiento, en el sentido clínico del término, es tan valioso? ¿Cuál es el valor específico del consentimiento, particularmente en el amor y en la vida sexual? Dar un sentido psicoanalítico al consentimiento me lleva a intentar interpretar su parte de opacidad y contingencia. No existe un consentimiento plenamente informado, empecé observando al inicio de esta trayectoria. Esto valía para decir que, en materia de vida sexual, el consentimiento no es como un contrato hecho con otro por voluntad expresa y mediante un acuerdo dado de manera libre e informada. En el campo del amor, tal definición del consentimiento como contrato llevaría a vaciar la experiencia del amor de su valor y de su poder enigmático.

Propondré ahora un enfoque psicoanalítico del consentimiento basado en lo que Lacan aportó como novedad con respecto a la sexualidad femenina. Lacan le dio sentido inédito a la feminidad al pensarla como una experiencia subjetiva y corporal, no como un determinismo anatómico o una norma de género. Hizo de ella una experiencia separada, que todos los seres, cualquiera que sea su sexo anatómico, pueden tener, siempre que se presten a ella, siempre que consientan a ella, a condición de que se presente en su vida en un determinado momento.

El consentimiento va de la mano del *kairós*, la oportunidad que el azar puede brindarle al sujeto para inscribir una contingencia en el seno de su vida. Cuando aprovechamos una oportunidad favorable, acudimos sin pensar y sin saber. Sentimos que se trata de una feliz casualidad que hubiera podido no ocurrir nunca y que, sin embargo, se presentó. No hay que esperar al próximo. El consentimiento al azar de un encuentro tiene que ver con el consentimiento a la feminidad, tal como la entiende Lacan. Si el consentimiento es desprendimiento, también lo es la feminidad; si el consentimiento es «desasirse» de uno mismo, también lo es la feminidad; si el consentimiento es una forma de lanzarse a una aventura que no se sabe cómo termina, pero que te hace sentirte más vivo, la feminidad también; si el consentimiento es una cuestión de elección íntima y vibración corporal, también la feminidad. No hablo aquí de la feminidad como norma, como disfraz, como rol, sino de una forma de goce que Lacan llamó femenina para darle un estatus distinto al del llamado goce masculino.

El consentimiento a la feminidad es como un «sí», una apertura al Otro, una sorpresa del deseo, el amor y el goce. Para decirlo con Virginia Woolf, es algo así como un descubrimiento inesperado, que afecta al cuerpo. Esto es, por ejemplo, lo que le pasa a Ángela cuando abre los ojos al mundo. Después de «miríadas de años de hirviente oscuridad, al fin hubo luz al final del túnel; la vida; el mundo. Yacían a sus pies, perfectamente buenos; perfectamente amables. Este fue su descubrimiento. [...] Descansó en las bondades de este mundo al final del túnel, hasta que, movida por el deseo de verlo o de ir a su encuentro, salió de la cama y se acercó a la ventana, y allí, mirando al jardín donde la niebla reposaba, con la ventana abierta de par en par, algo azul y ardiente susurraba a lo lejos, el mundo, por supuesto, y el alba a punto romper, "Oh", dijo ella, como si sufriera».[1]

1. Virginia Woolf, «Un collège de jeunes filles vu de l'extérieur», *Rêves de femmes*, trad. fr. Michèle Rivoire, Gallimard, "Folio", París, 2018, pág. 30.

Impulsada por el deseo de conocer el mundo, Ángela sale del túnel. El goce femenino, tal como lo entiende Lacan, es semejante a ese «Oh» que sale de la boca de Ángela. La experiencia de «dejarse sorprender» por el deseo, como por un amanecer.

Consentir a un desdoblamiento

Sentirse una misma mujer no tiene nada que ver con «tomarse por La mujer», «buscar encarnar un mito», «creerse» ser la que es realmente una mujer, la única que lo es, o imponer sus normas de género a los demás. Lacan relacionó con la locura identificaciones excesivamente poderosas. Creer demasiado en el propio ser es ya ceder a la infatuación. Si esto se aplica al paranoico, que se cree demasiado lo que es, sintiéndose ignorado por todos, también vale para el sujeto femenino que se tomaría a sí mismo por «La» mujer. La falta en ser afecta a cada sujeto y tomarse por «La mujer» sería como la locura que pone en peligro el vínculo con el otro. Pero, en verdad, en la clínica lo que se revela más bien es que, cuando una mujer cree que «la Mujer existe», no es en ella misma donde la sitúa, sino en la Otra. Lo que cuenta entonces es qué clase de Otro. Porque es como, si en lugar de poder consentir a ese Otro en ella misma, una mujer pusiera su propia extrañeza en la Otra. Efecto de desdoblamiento específico de la feminidad.

«Ya estoy advertida. Sé algo. Sé que no son los vestidos los que hacen a las mujeres más o menos bellas, ni los tratamientos de belleza, ni el precio de los ungüentos, ni la rareza o el precio de sus adornos. Sé que el problema está en otra parte. No sé dónde está. Solo sé que no está donde las mujeres creen».[2]

2. Marguerite Duras, *L'Amant*, Minuit, París, 1984, pág. 27. [Trad. cast.: *El amante*, Tusquets, Barcelona, 2010].

Marguerite Duras habla así de ese otro lugar donde se sitúa la cuestión del deseo para una mujer, y que no es donde ella cree. Se refiere a esta relación con la mascarada como proveniente más de un desplazamiento de la cosa en cuestión que de una verdad sobre la feminidad.

Duras, con sus palabras como escritora y también como mujer que escribe, dice algo que arroja luz sobre el aforismo «La mujer no existe». Cuando Lacan dijo en la década de 1970 que «"La" mujer no existe», puede sonar como una frase que nos deja ante un enigma redoblado. Tal vez esta frase no deba leerse como un axioma sentencioso, sino más bien como uno leería un fragmento de Heráclito. «Nunca te bañas dos veces en el mismo río», «Todo transcurre», «La mujer no existe». Tal vez sea, por parte de Lacan, de una botella arrojada al mar, en el océano de los discursos, sobre «las» mujeres con el fin de fisurar la idea rígida de «La» mujer, como paradigma.

«La mujer no existe» no debe ser tomado como una verdad o mentira más sobre «las mujeres», sino como una forma de perforar el mundo de las palabras e introducir otra relación con la existencia distinta de la definición del ser a partir de una universalidad. Lo que Lacan subraya es este acceso imposible al «La» de «La mujer», y la necesidad de recorrer un camino singular que nunca hace que una se convierta en «La» mujer, sino en «una mujer». Es para hacer de la experiencia de la feminidad un fenómeno que se opone como un obstáculo a lo universal, que le plantea una objeción,[3] para decirlo con Jacques-Alain Miller, y que nunca da acceso a una mujer a una identidad, sino a un goce que fractura toda identidad.

¿En qué sentido la experiencia del goce femenino resquebraja la relación con lo que creíamos ser? No del todo presente en ese lugar donde las otras son, puedo asumir esta parte que no se reconoce en

3. Jacques-Alain Miller, «L'Un tout seul», Departamento de Psicoanálisis de París 8, curso del 25 de mayo de 2011, inédito.

ningún «Nosotras». No toda ahí, representada también por «otro lugar», una parte de lo que soy no entra en la palabra y sin embargo existe. Experimentar, en un momento determinado de la vida, esta experiencia es sentir que hay algo en la existencia que escapa a la universalidad impuesta, que no se puede decir y que me hace experimentar cierto desdoblamiento. Consentir a asumir esta parte que no está representada en el grupo, en la universalidad del conjunto de los seres que pertenecen a la misma especie, en el lenguaje mismo, es poder hacer otra cosa que rechazarla o sufrirla como una exclusión de tu ser. Es poder asumir la parte femenina de la propia existencia como una marginalidad gozosa.

Entenderé este aforismo con tintes presocráticos, según el cual «La mujer no existe» a partir de esta experiencia de desdoblamiento, que significa que por un lado un sujeto siente que tiene una relación con los demás, con lo que se dice en el mundo, y por otro lado se siente en relación con algo que no puede ser significado. *Vértigo* (1958) es la película de Alfred Hitchcock que representa tal desdoblamiento mediante Madeleine y Judy, un desdoblamiento entre la rubia y la pelirroja, la muerta y la viva. Pero esta duplicación es tratada desde el punto de vista de un hombre, Scottie, fascinado por aquella cuya identidad no alcanza a captar. Después de Hitchcock, Lynch, en su obra cinematográfica *Mulholland Drive* (2001),[4] retoma este tema del desdoblamiento, pero colocándose del lado del propio sujeto femenino. En un primer libro, sobre *Las enamoradas*, hablé de la experiencia del deseo manifestada a través del sueño y la pesadilla de una mujer perdida. Vuelvo a referirme aquí a esta inolvidable película para añadir que el enigma del mensaje de David Lynch también está ligado a esta experiencia de desdoblamiento. Esta es lo que me interesa ahora en mi investigación sobre el mecanismo oculto del consentimiento.

---

4. Clotilde Leguil, *Les Amoureuses, voyage au bout de la féminité*, Seuil, París, 2009.

Esta misteriosa película muestra cómo una mujer, aquí Diane Selwyn, expulsa de sí misma este desdoblamiento confiriendo a Otra mujer el brillo de una feminidad que le parece inaccesible. La creencia en la existencia de «La» mujer; lo vemos a través del destino de Diane, es lo que puede dar peso a la Otra mujer en la vida de un sujeto, hasta el punto de producir un fenómeno de fascinación que la deja en silencio. En esta película, la heroína queda atrapada en la trampa de su propia fascinación. La Otra mujer, la que parece guardar el secreto de la feminidad, es aquella en la que proyecta la parte excluida de sí misma. La Otra mujer se encarna en aquella que parece no haber tropezado nunca con ningún interrogante sobre su feminidad, desprovista de toda angustia por ese lado, siendo mujer, en cierto modo, por naturaleza.

La relación con la Otra mujer puede adquirir diferentes grados de intensidad. Esto puede ir desde una simple admiración, que conduce a un interés por la Otra mujer —su apariencia, su estilo, su relación con la presencia y la ausencia, su forma de ser o no ser, de hablar mostrándose o escondiéndose— hasta la fascinación mortífera. Esto deja al sujeto petrificado por lo que no comprende. En la película de David Lynch, es esta fascinación lo que está en juego. Nos la hace visible dentro del sueño de Diane, quien cree que «La» mujer existe, que lleva el nombre de Rita, y se desdobla ya como Rita/Camilla Rhodes dentro de la producción onírica de la soñante. Diane se desdobla ella misma como Betty/Rita en su propio sueño. Es a la vez la morena y la rubia, la que sabe y la que no sabe, la que se muestra en los platós y la que se esconde para que nadie la encuentre, la que recuerda y la que sufre de amnesia acerca de su identidad.

Entonces todo se vuelve confuso. Cuando se trataba de consentir a este desdoblamiento en sí misma, Diane Selwyn proyecta en la Otra la extrañeza que pudo haber sentido en sí misma. Ha hecho al cuerpo de Camilla depositario del misterio del deseo.

Porque de eso se trata, de un desdoblamiento entre una parte de sí que se puede decir y una parte de sí que no se puede decir, pero que se experimenta, a veces sin saber siquiera adónde nos llevará esa experiencia. Esa parte de sí misma que no es posible decir, que nos confronta con lo que no se sabe de sí misma, podemos intentar deshacernos de ella proyectándola en la Otra. Pero si hemos de creer a Lacan, es más bien lograr asumir esta dimensión de alteridad respecto de una misma que lleva a un sujeto a consentir a la experiencia de la feminidad.

Experimentar la feminidad no es, por tanto, creer que la Otra mujer existe. Este momento de creencia es el signo de una dificultad con la que se tropieza en la propia existencia, de una pregunta, en suma, sobre una misma. Quizás este sea incluso el primer paso hacia la experiencia de convertirse en otra de lo que una es, otra para una misma. Experimentar la feminidad tampoco tiene que ver con hacer creer a los demás que «La» mujer existe en sí misma, ni para aparentar, ni en la comedia, ni en el teatro de los géneros. Es incluso al revés. Parecer «La mujer», quererlo, actuar como si se tuviera un saber sobre este punto, sobre la sexualidad femenina, sobre el deseo, sobre el amor, proviene de una relación con la imagen y no con el ser. Puede tratarse incluso de una relación irónica con la feminidad para no sentirse concernida por esta experiencia singular. Es una forma de mostrar que no se cree en ella, reduciendo el problema a la cuestión del rol y la mascarada.

Un goce «de ella»

Consentir a esta región de una misma, marcada por la opacidad, y que puede despertar como una parte no reconocida de lo que no sabíamos de nosotras, cuando hay un encuentro con el deseo o el amor, no es cosa de un juego de rol. ¿En qué sentido la experiencia de la feminidad tiene un vínculo, más que contingente, incluso necesario, con el consentimiento? Esto se debe a que la experiencia de la feminidad como aventura subjetiva se basa precisamente en el «consentir». Esta experiencia no se basa en un programa biológico, ni se reduce a un encargo social. Se basa en un *cum sentire* y por eso el aforismo «ceder es no consentir», además de su dimensión política, tiene también un alcance clínico y ético.

Estoy tratando aquí, al final de esta investigación en el trasfondo de la frontera entre «consentir» y «ceder», de identificar la cuestión del consentimiento «a» lo femenino. Pero tengo que evitar una forma de silencio sobre la cosa para intentar decirla. No sé si podré arrojar algo de luz al respecto, pero al menos intentaré evocarla haciendo resonar algo de lo que me enseñó el psicoanálisis, también ciertas experiencias y, finalmente, la lectura de algunos relatos. Esta experiencia de la feminidad no es solo un consentir al modo de una comunión con otro, de un «sentimiento de ser uno con el otro», como en perfecta armonía. Creo que esta experiencia es más bien despertada por el cuerpo, la voz, la mirada de otro, pero es fundamentalmente del orden de un cierto «estar-con» el propio cuerpo, una experiencia de goce que no es necesariamente decible, pero que sin embargo es bien real.

¿Qué es pues este goce femenino que también, en cierto modo, me cortaría la lengua, pero de un modo distinto al del trauma? Unas lo experimentan en su vida sexual, otras en la experiencia del parto y la maternidad, otras más en su entrega a una causa que les hace experimentar una forma de éxtasis, otras finalmente en la escritura o la creación. Esta experiencia a la vez real e inexpresable acontece a veces, pero sin que el sujeto que la experimenta sea siempre capaz de reconocer lo que le sucede. Como si sucediera algo que le cortara la lengua al sujeto, tan intenso es el acontecimiento de goce. Por otra parte, no porque una mujer hable mucho consigue hablar de esto, de esta experiencia que vive y que a la vez calla, sin saberlo. Por eso las que logran decir algo de ella a través de un relato, de una obra, de una invención, contribuyen a iluminarnos de un modo precioso sobre lo que solo puede ser evocado y medio-dicho, de acuerdo con el neologismo de Lacan. Por eso también en este caso es necesario, a veces, pasar por el silencio.

Las que logran transmitir algo de ello no lo hacen al modo de la Otra mujer que nos haría creer que ella sí sabe. No nos iluminan revistiéndose de un saber. Lo hacen diciéndonos lo que no saben. Nos muestran el camino no callando lo que no pueden decir. Así contribuyen con audacia y valentía a hacer existir esta zona de feminidad como una experiencia que rompe las normas sociales. No hablan de lo que saben, sino de lo que las confronta con el no-saber. Dicen lo que las atravesó y este «decir» es más una cuestión de testimonio que de teoría o saber. En lo que a mí respecta, esto es lo que me toca.

Lo que Lacan llama «feminidad» no es por tanto un atributo que una «tiene» o no tiene, algo que uno posee, un bien, una riqueza, una oportunidad y que los demás no poseen. Lo que él llama «feminidad», o más precisamente «el goce de ella»,[5] tiene que ver algo que ocurre en el cuerpo, provocado por el otro: una forma de goce que hace experimentar en el propio cuerpo un «plus de vida» y un desdoblamiento en el propio ser. Sentirse tanto «ahí» como «no ahí», presente y ausente, otra para una misma. El lugar del que me siento ausente de mí misma no es, sin embargo, un lugar donde desaparezco, como en el trauma, sino un lugar donde experimento lo que sucede en mi existencia como fuera del mundo simbólico, excluido por la naturaleza de las palabras, pero presente, de todos modos, en otro lugar. Como si más allá del mundo del lenguaje, que sería semejante a la tierra firme, hubiera un océano de goce. El litoral, ese lugar que nos conduce al borde del agua, es también una figura del modo en que podemos acercarnos a este goce sin ahogarnos en él.

---

5. Jacques Lacan, *Encore, Le Séminaire*, livre XX, Seuil, «Champ freudien», París, 1975, pág 69. [Trad. cast.: *El seminario*, libro 20, *Aun*, Paidós, Barcelona, 2016].

No hay un «ser mujer», como si pudiera tratarse de un estado al que se accedería tras cierto recorrido iniciático y de una vez por todas, una beatitud, sino solo momentos singulares, retazos de experiencias de esta parte de goce, también momentos suscitados por encuentros, palabras, afectos, que hacen experimentar algo más allá del deseo y que lo lleva consigo. Lo que Lacan llama «feminidad» no tiene pues nada de una identidad, sino que surge más bien de un acontecimiento, de una aventura, de un ir y venir, de un latido entre presencia y ausencia, que te enfrenta a un dulce vértigo. Se trata de una forma de desdoblamiento, en el que siento que, al mismo tiempo, una parte de mí encaja en el mundo del otro, con un pie en tierra firme, y otra parte se escapa de lo que puedo decir de mí misma al otro, una parte que se deja hacer por los movimientos del agua.

¿Qué hacer con esta parte de mí que me hace otra para mí misma, que me importa y que vivo al mismo tiempo como lo excluido del todo, y que me puede excluir también a mí? ¿Qué hacer con esta imposibilidad con la que me encuentro de reconocerme enteramente en un saber, en una teoría, en un discurso? Rechazarlo, negarlo, olvidarlo o arriesgarse a vivirlo, explorarlo, experimentarlo. A partir de este fenómeno de exclusión del goce suplementario del mundo de las palabras de todos, trato de identificar algo de la vía propuesta por Lacan para iluminar el consentimiento a lo femenino. Es una forma de goce que no es causada por un órgano en particular del cuerpo, sino que afecta a todo el ser, o más bien al cuerpo vivo como cuerpo hablante, y que el «nosotros» siempre pasa por algo en silencio.

En esta zona de existencia, el «dejarse hacer» va acompañado al mismo tiempo de un goce y de la confianza en el otro. Es este «dejarse hacer» el que ya evoqué apoyándome en la pasión simple de Annie Ernaux. Es un «dejarse hacer» que, tras abrirse paso un día por primera vez, deja huella.

El consentimiento, un desplazamiento

«Está oscuro en el estudio, ella no le pide que abra las persianas. No tiene ningún sentimiento definido, ni odio, ni tampoco repugnancia, así que probablemente esto ya sea deseo. Ella no es consciente de ello. Consintió en venir tan pronto como él se lo pidió la noche anterior».[6]

Cuando leí *El amante*, de Marguerite Duras, aún no tenía quince años. Si bien esta novela tuvo un éxito que podría haberla hecho pasar por una historia de amor para una joven soñadora, en comparación con la complejidad poética de *El arrebato de Lol V. Stein*, por ejemplo, voy a sostener una idea del todo distinta. Marguerite Duras logró en esta novela abordar una zona de la experiencia del goce femenino que no se puede reducir a las utopías amorosas de las que son portadores los cuentos de hadas. Mientras que *El arrebato de Lol V. Stein* es el relato de un trauma, de un rapto del ser, de un cuerpo que se derrumba el día en que, ante sus ojos, el partenaire amoroso se va con otra, de un sufrimiento *sin sujeto*,[7] la historia de una mujer que ya no está en su cuerpo y que calla, *El amante* es el relato del consentimiento al goce femenino de una joven que descubre la sexualidad entre los brazos de un hombre que la adora.

Apenas es una historia de amor. Es más bien una historia del despertar del deseo. El hombre de Cholen de la limusina negra le grita su amor, pero la joven no está, para con él, en ese lugar. Ella no dice que lo ame, porque no sabe si puede amar verdaderamente a alguien. Sabe que lo siguió, que consintió a seguirlo para desprenderse de ella misma entre sus brazos.

Duras consigue escribir este desdoblamiento del ser inyectando en su relato una doble dimensión temporal que la convierte en una mujer

6. Marguerite Duras, *L'Amant, op. cit.*, pág. 47.
7. Marguerite Duras, *Le Ravissement de Lol V. Stein*, Gallimard, «Folio», París, pág. 23. [Trad. cast.: *El arrebato de Lol V. Stein*, Tusquets, Barcelona, 1987].

madura, escribiendo en primera persona, que revive este encuentro con la sexualidad, a los quince años, en una joven que aparece en tercera persona. Pero también escribe este desdoblamiento haciendo revivir al «yo» de la joven a los quince años y medio e introduciendo el «ella» para hablar de la extraña que era para sí misma en aquel mismo momento.

Un goce «de ella».

Entre ese «ella» y ese «yo», Duras explora esta brecha que es también la del goce femenino, que hace que la mujer experimente un goce que no es suyo, sino más «de ella». El «Yo» se convierte entonces, *a través* de la experiencia del goce, en un «ella», otra para sí misma. Lo extraño de esta historia es que difícilmente sea una historia de amor, dije. Es sobre todo un encuentro de deseo. La joven no puede decir que ama de verdad a su amante chino al que ve todas las tardes en Saigón. «Ella está ahí donde debería estar, desplazada allí. Experimenta cierto miedo. En efecto, parecería que esto debe corresponder, no solo a lo que ella espera, sino a lo que tenía que suceder, precisamente en su caso».[8]

Su consentimiento la ha trasladado a un lugar, aquel dormitorio donde se encuentran durante el día, lleno de humedad, que es también el lugar donde ella escapa en adelante, para siempre, huyendo de aquellos a quienes creía pertenecer hasta entonces: su madre y sus dos hermanos. «Tan pronto como penetró en el auto negro, supo que estaba lejos de esa familia por primera vez y para siempre. De ahora en adelante ya no deben saber qué será de ella».[9] Al mismo tiempo que se vuelve otra para sí misma, «una» mujer en los brazos de aquel hombre loco de pasión por su cuerpo, se separa de ese «todo» que formó con su familia, el todo de la madre con sus hijos. «Se siente un poco asustada.

8. Marguerite Duras, *L'Amant*, *op. cit.*, pág. 47.
9. *Ibid.*, pág. 46.

De hecho, esto parecería corresponder, no solo a lo que ella espera, sino a lo que debería suceder precisamente en su caso. Está muy atenta al exterior de las cosas, a la luz, al fragor de la ciudad en la que está inmersa la habitación. Él tiembla. La mira al principio como si esperara que ella hablara, pero ella no habla. Entonces él tampoco se mueve, no la desnuda, le dice que la ama con locura, lo dice en voz baja».[10]

Una primera vez. Entre el silencio, el susurro y el consentimiento. Privación.

«Sí».

10. *Ibid.*, pág. 47.

XII
LOCAS CONCESIONES

Sentir este deseo, que es deseo del otro y también deseo de ser deseada, no es someterse o alienarse, sino correr el riesgo de consentir a esta turbación que me hace extraña a mí misma. Aquí es donde radica la ambigüedad, la proximidad y a la vez el límite entre el «consentir» y el «ceder». Desde la perspectiva de Lacan, la experiencia de la feminidad es del orden de un encuentro con un placer que atraviesa el cuerpo y al que se consiente. La experiencia del «ceder», la del trauma, es del orden del encuentro con un placer impuesto por el otro, que provoca también un seísmo en el cuerpo del sujeto, pero un terremoto al que el cuerpo no consiente. Esta es la diferencia.

Este es el punto al que me conduce todo este viaje. Sí, hay una proximidad peligrosa entre «consentir» y «ceder», porque en estas dos formas de experiencia, designadas por el infinitivo de los verbos, hay un encuentro con el goce y con el «dejarse hacer». De este modo, el enigma reside ahora, al final de este camino, en por qué nos dejamos hacer, incluso cuando el cuerpo dice «no». Ahí está el nudo.

En el consentimiento, el goce es el acontecimiento generado inesperadamente por un «sí». En la cesión subjetiva, el goce arrancado al cuerpo es el acontecimiento traumático producido sobre el trasfondo del «no» del propio cuerpo.

Es quizás haber pasado por el examen del trauma de la guerra lo que nos permite ampliar la brecha entre uno y otro fenómeno de cuerpo. Para el goce concedido, de alguna manera me he preparado. Puedo estar angustiada después de haber dicho «sí», porque me he desprendido de mí misma para probar algo nuevo. Pero aquí hay un «sí» que allana el camino para una experiencia de vida. Para el goce no consentido, el del otro y el que también me impone a mí en mi cuerpo, no me he preparado. Entonces quedo separada de mí misma, llena de vergüenza o en silencio, aterrada. El encuentro con la alteridad queda como invertido al topar con un forzamiento del otro.

Abandono y espera

Como dije al abrir este ensayo, la gracia del libro de Vanessa Springora, *El consentimiento*, es situarse al nivel de lo que significa, para una niña muy joven que sueña con convertirse en mujer, el encuentro con el deseo del Otro. Leyendo *El consentimiento* entendemos lo que significa consentir a algo que va más allá de aquello a lo que creíamos haber consentido. Se entiende que consentir al deseo del Otro no está exento de angustia. Consentir a la feminidad es siempre un franqueamiento para una mujer joven. El primer encuentro, aquel en el que una joven pierde su virginidad, deja marcas imborrables en su cuerpo.

La historia de Vanessa Springora podría haber tenido acentos durasianos. La jovencita había accedido a tener un primer amante, mayor que ella, esperando que este la llevara a otro lugar, lejos de su madre, para así encontrarse con la mujer en la que quería convertirse. Pero la analogía termina ahí. Porque si bien ella se cree amada por un tiempo, confundida por el giro que adquiere este amor en lo relativo a las relaciones sexuales, en un segundo momento abre los ojos y se da cuenta de que nunca ha sido objeto de su amor, que todo estaba orquestado, calculado para convertirla en objeto de su goce.

V. dice que, en virtud del deseo que sentía, nunca se identificó con una víctima. Cuando ella creía que el deseo del Otro quería despertar de su propio deseo, fue abusada. Es porque convertirse en mujer pasa por este consentimiento a ser deseada que el abuso constituye una traición del consentimiento mismo.

El efecto traumático no resulta únicamente de haber sido iniciada demasiado pronto en prácticas sexuales que no eran propias de su edad, y eso por parte de un hombre de cincuenta años cuando ella solo tenía catorce, sino que es el hecho de haber deseado a aquel hombre y de haber creído ser amada por él lo que la traumatiza. Es en este punto de vulnerabilidad donde actúa el veneno del mal encuentro. Porque aquello a lo que ella consiente en virtud del deseo experimentado y el amor en el que cree, está forzando. De modo que hubo engaño. Creyó estar consintiendo a ser un objeto de deseo y amor. En realidad, se convirtió en un puro objeto de goce para el otro.

El cruce de la frontera entre «consentir» y «ceder» se sitúa en este lugar donde el desprenderse de uno mismo deja lugar al poder del otro. Porque para que este poder sea efectivo, primero debe haber un desprendimiento. Este relato en primera persona es de un caso donde el consentimiento allanó el camino al trauma.

El mal encuentro vino en respuesta a una vacilación existencial, la de una colegiala atrapada entre una madre amada y un poco perdida, con quien parece confundida, y un padre indiferente a su existencia. Cuando está a la espera de un hombre, como se espera a un padre, aparece el que la convertirá en su presa. El padre con el que se encuentra no es el del amor ni el del deseo, sino el del goce, el que, abusando de la fascinación que ejerce sobre ella como escritor, sacia sus propias pulsiones. Después del mal encuentro, un ataque de ansiedad, un episodio anoréxico, un momento de despersonalización verifican el seísmo que fue para ella esta primera historia que no fue de amor.

«¿Desde cuándo había perdido el rastro de mí misma?»[1]. Perder el rastro de una misma, he aquí una experiencia exclusivamente feme-

1. Vanessa Springora, *op. cit.*, pág. 173.

nina que puede condenar a una mujer a la inexistencia. Porque el mal encuentro reproducía, *a posteriori*, lo traumático de la noche en que, siendo aún niña, oyó una escena violenta entre su madre y un amante. Este «date la vuelta», dirigido por un amante a su madre, le será devuelto por este hombre de quien ella no podrá escapar a los catorce años, en la imposibilidad de sustraerse a un imperativo de goce feroz.

Este libro de una mujer que encontró la salida gracias al psicoanálisis, gracias a un director de instituto que supo darle un lugar excepcional a su drama subjetivo, gracias a un hombre en quien ella pudo confiar, nos muestra que el asunto del deseo y el goce puede llevarte allí donde se difumina la frontera entre «consentir» y «ceder». Es precisamente en este punto de confusión donde la distinción se vuelve urgente.

De hecho, existe una proximidad peligrosa entre una y otra experiencia. Es de este nudo hecho de consentimiento y de cesión de lo que trata esta historia íntima. Como si a veces, en la vida de un sujeto, el consentimiento, con su carácter vertiginoso, enigmático, opaco, pudiera ser el camino más directo a la cesión. No es que entonces «consentir» se convierta en «ceder» y «ceder» en «consentir». Es que un pacto ha sido traicionado.

Creerse amada, extraviarse

Vanessa Springora lo dice así. A los catorce, ella era «consintiente». Estaba enamorada y se creía amada.[2] Aquí es donde la noción de consentimiento demuestra su valor y función en relación con la experiencia del goce femenino. El amor es para el sujeto femenino una condición de goce. En nombre de este amor, el consentimiento conduce a las ma-

2. *Ibid.*, pág. 56.

yores concesiones. Creerse amada es, pues, experimentar una nueva relación con el propio cuerpo a partir de este amor del otro. Ahí es donde reside el enigma, en esta intrincación, del lado de la mujer, entre «consentimiento a convertirse en objeto sexual» y «experiencia de creerse amada».

Es en este punto donde se produce la traición en el caso del «consentimiento» de Vanessa Springora. Su consentimiento, su desprendimiento a favor de «creerse amada», allí donde es un juguete en manos de la perversa estrategia del otro, se ve instrumentalizado por un hombre que se ha convertido en un experto en relaciones con menores de quince años. En este punto, el desprendimiento da paso al ejercicio de un poder.

Cuando una mujer se extravía en este punto de «creerse amada», abre el paso a una exigencia del superyó, «hacerlo todo» para ser amada totalmente. El consentimiento al deseo desemboca en lo ilimitado del amor. La locura viene de la ausencia de límites a las concesiones que puede hacer una mujer,[3] incluida una joven, en nombre de «creerse amada» por un hombre: separarse de los suyos, aceptar ser objeto de una sexualidad donde no encuentra satisfacción, llegando a plantearse un viaje a Manila con él sabiendo que allí practica el turismo sexual, sabiendo que ha escrito sobre la pederastia y, al mismo tiempo, cerrando los ojos, sin atreverse a «plantearle [a él] un deseo»[4] que rompería la rutina de un mecanismo sexual que él le impone.

Un día se produce como un despertar: «despierto a una nueva realidad», llega la revuelta, rechaza a ese hombre que la considera histérica, loca. Luego, a los quince años y medio, sola, cuando está saliendo de ese sometimiento, describe el momento de despersonalización que padece: «La sensación atroz, como si me arrancara del reino de los vi-

---

3. Jacques Lacan, *Télévision*, Seuil, «Champ freudien», París, 1974, pág. 63.
4. Vanessa Springora, *Le Consentement, op. cit.*, pág. 128.

vos, pero a cámara lenta».[5] Aquello a lo que cedió no tiene nada que ver con aquello a lo que había consentido. En efecto, «consentir» puede llevar a «ceder», sin darse cuenta siquiera de que se ha cruzado la frontera.

En el corazón de la frontera entre «ceder» y «consentir» se encuentra, por tanto, el trauma sexual y psíquico. Si bien alguna vez se ha usado el psicoanálisis para confundir las cosas, ello se debe a una mala comprensión del descubrimiento de Freud y de los desarrollos de Lacan en el contexto de una reivindicación de goce, que ignora la pulsión y sus efectos sobre el otro. El problema del trauma sexual tal como lo aborda el psicoanálisis, y ello desde el nacimiento del psicoanálisis por parte de Freud, no es solo el del consentimiento, el de la ambigüedad del «sí y el no», sino el del «ceder». Lo mostré con el caso de Emma. No porque Freud le diera una nueva extensión a la sexualidad al hablar de sexualidad infantil subestimó el trauma sexual ni creyó que la vida sexual de un niño tuviera alguna relación con la de un adulto.[6] La situación traumática no se debe a ningún comportamiento identificable, sino a una cesión subjetiva, vale decir, una desaparición cuya dimensión real solo puede ser captada *a posteriori*, con el tiempo que le permite al sujeto volver desde el lugar de su propia desaparición.

Mal uso del psicoanálisis al servicio de la pulsión

El uso que algunos hicieron del psicoanálisis en las décadas de 1970 y 1980 al servicio de una confusión entre deseo y pulsión puede haber allanado el camino para la desaparición de la frontera entre «ceder» y «consentir». Posteriormente, dentro del movimiento de la libera-

5. *Ibid.*, pág. 175.
6. Véase Serge Tisseron, «Le désir peut exister, mais cela ne change rien à ce qui est permis et défendu», *Le Monde*, 22 de enero de 2020.

ción sexual, se mantuvo una vaguedad en nombre de una supuesta ética del «deseo» que pretendía identificarse con Lacan y confundía el
deseo con el goce sin trabas. Una de las mayores contribuciones de
Lacan a la cuestión del trauma sexual es haber planteado una distinción radical entre «deseo» y «pulsión». Recuerdo a este respecto
un comentario de Jacques-Alain Miller en 2011, en la época del *affaire*
Strauss-Kahn, cuando llovían comentarios sobre la seducción, la ga-
lantería, el sexo con el servicio doméstico, el supuesto consentimiento
de la mujer de la limpieza en el Sofitel de Nueva York: «No es lo mismo ser un hombre de deseo o un hombre de pulsión. La pulsión es la
pulsión de uno, y eso no está en absoluto en armonía con el deseo del
otro; incluso, en este nivel, podemos decir que lo destacado es la inexistencia del otro».[7] Sí, para una mujer, por ejemplo, no es lo mismo conocer a un hombre de deseo que a un hombre de pulsión. No porque
la pulsión esté ligada al deseo este deseo debe reducirse a la pulsión y
confundirse con ella. El deseo, en el sentido del psicoanálisis, no es el
deseo sadiano. La pulsión conduce a no tener ya en cuenta el consentimiento del otro, o a instrumentalizar este consentimiento, como se
puede hacer con los menores. Lo cual no tiene nada que ver con el deseo, que es siempre el deseo del otro, es decir, tomado en relación con
el Otro.

«Solo el amor permite al goce condescender al deseo»,[8] afirma
así Lacan en 1960. Sin amor, en efecto, el goce no necesita condescender al deseo; todo va perfectamente desde el punto de vista pulsional,
cortocircuitando el registro del deseo y procurando gozar sin límite del
cuerpo del otro, independientemente de su consentimiento. Para la
pulsión no hay otro y ahí, en efecto, «todo está permitido». Por eso
también puede aniquilar a quien se encuentra en la posición de puro

---

7. Jacques-Alain Miller, «L'Un tout seul», *op. cit.*
8. Jacques Lacan, *L'Angoisse, loc. cit.*, pág. 209.

objeto de goce. Nunca es en nombre del deseo que todo está permitido, sino siempre en nombre de la pulsión, que puede disfrazarse de libertad. Separada de la relación con el deseo, la pulsión se vuelve destructiva, pulsión de muerte, decía Freud. La pulsión de uno destruye entonces la subjetividad del otro violándola.

En la experiencia de un análisis, el deseo emerge desprendiéndose de la pulsión de muerte inherente al síntoma. El deseo se desprende de ella, se separa, a partir de una elección del sujeto. La experiencia del análisis conduce a la extracción del deseo para que este no sea aplastado por la pulsión. El psicoanálisis es una ascesis del deseo.[9] Tiene que ver con «la realización subjetiva de un vacío»[10] que da un lugar a la falta y que nada tiene que ver con una invitación a gozar sin límites. En definitiva, el psicoanálisis no te invita a gozar sin trabas, sino a *confiar en tu deseo* para desconfiar *de tu pulsión*.

Este mal uso del psicoanálisis, que incluso se podría llamar una instrumentalización del psicoanálisis al servicio de la perversión, también se manifiesta a través de la posición de ciertos intelectuales (recordada por Vanessa Springora) a favor de la despenalización de las relaciones sexuales entre menores y adultos. En 1977, la petición «A propósito de un proceso» fue firmada por Barthes, Deleuze, Beauvoir, Sartre, Glucksmann, Aragon... Efectivamente, entonces se trataba de un forzamiento del consentimiento, es decir, una presunción del consentimiento en los niños a favor de la pulsión sexual de los adultos —uso del consentimiento al servicio de la pulsión—. En el mismo año, como señala Vanessa Springora, la «llamada a la revisión del código penal a propósito de las relaciones entre menores y adultos» fue firmado por ochenta personas, entre ellas las ya mencionadas, a las que se suman

---

9. Sobre este punto, véase Jacques Lacan, *Le Séminaire, livre VII, L'Éthique de la psychanalyse*, lección XXIV.

10. Jacques Lacan, «L'objet de la psychanalyse», Le Séminaire, livre XIII, sesión del 15 de diciembre de 1965, inédito.

los nombres de Dolto, de Althusser o de Derrida.[11] Afirmar la diferencia de naturaleza entre «ceder» y «consentir» es, pues, señalar también el error de quienes hayan podido considerar que las relaciones sexuales iniciadas por adultos hacia niños, niñas o adolescentes equivalían a un consentimiento en nombre del Soberano Bien que sería el «deseo», confundido con el goce.

En este sentido, puede resultar sorprendente que diez años antes, a mediados de 1968, cuando una profesora de literatura de Marsella que había tenido una relación amorosa con uno de sus alumnos menores de edad fue encarcelada, incluso destituida de sus funciones, ningún intelectual pensó en una petición, del tipo que fuese, para apoyar a Gabrielle Russier. Ella terminó suicidándose.[12] Como si, tratándose de una mujer enamorada, un poco extraviada y llevada por su pasión —y ya no de educación sexual para menores o una sexualidad controlada—, la indiferencia prevaleciera sobre la protesta. El libre goce de todos los cuerpos es, evidentemente, una utopía que nada tiene que envidiar a la moral sadiana, de la que Lacan recuerda muy bien, en el Seminario sobre la ética, que para Sade se trata de hacer valer un derecho al goce sin el consentimiento de los demás. Vanessa Springora habla de «deriva» y «ceguera»[13] de los firmantes, de quienes recuerda que luego acabaron pidiendo disculpas. Por mi parte, hablaré también de «extravío», en el sentido de que el goce nos extravía: nos conduce allí donde la satisfacción se encuentra en forma de repetición. Para Lacan, la ética del psicoanálisis es precisamente lo que nos lleva a no dejarnos engañar por la exigencia de satisfacción pulsional. Ascesis del deseo.

Leyendo a Vanessa Springora capté finalmente en qué sentido el «creerse amada» de una mujer puede abrir el camino a la ausencia de

---

11. Vanessa Springora, *Le Consentement, op. cit.*, pág. 63.
12. Véase «L'affaire Gabrielle Russier, un amour hors la loi», *Le Monde*, editado por Pascale Robert-Diard y Joseph Beauregard, julio-agosto de 2020.
13. Vanessa Springora, *Le Consentement, op. cit.*, pág. 60.

límite a las concesiones que puede hacer por *un* hombre, «de su cuerpo, de su alma, de sus bienes».[14] Ahí está el punto de vuelco entre «consentir» y «ceder». Entre lo uno y lo otro está el campo de las concesiones, las que puedo hacer sobre la base de la creencia de que soy amada y, al mismo tiempo, la angustia de que tal vez, algún día, si no lo doy todo, ya no lo seré. Conceder es, entonces, renunciar al deseo para hacer del goce supuesto del Otro el hipotético signo del amor, ya perdido.

Este amor, que lleva a cruzar la frontera entre consentir y ceder, no va en voz activa, sino en voz pasiva. Aquí también radica la ambigüedad, entre la voz pasiva del goce de «creerse amada» y las concesiones que una mujer puede hacer en nombre de esa creencia.

14. Jacques Lacan, *Télévision, op. cit.*, pág. 64.

XIII
Más allá de la revuelta, consentir a decir

Más allá del «no» de la revuelta, al final de este recorrido percibo que los resortes del consentimiento no son ajenos a la angustia, le están vinculados. Con el consentimiento está en juego el territorio del deseo y del goce.

El término freudiano de superyó me parece adecuado para captar lo que está en juego en esta extraña lógica del consentimiento que puede conducir a cruzar una frontera sin retorno posible. Porque no es solo el Otro quien me fuerza, es también el Otro en mí, al que Freud bautizó como el superyó, aquella voz interior y silenciosa que me somete a una exigencia que yo no elijo. El superyó es la voz autoritaria que silencia y que impone hacerse cómplice de la pulsión, la ajena y la mía. El superyó es lo que obstruye mi revuelta al imponerme una forma de silencio en la que mi deseo es maltratado, desacreditado, a veces traumatizado. Pero el franqueamiento de la frontera entre lo que deseo y lo que me impongo se me indica en alguna parte de mi cuerpo. Siento angustia y también miedo ante la idea de perder lo que creía que ganaría al consentir. ¿Qué tengo miedo de perder negándome a consentir lo que, sin embargo, no deseo?

Consentir «en nombre de»

La pregunta que plantearé al final de este ensayo, que me ha hecho sumergirme en las profundidades del consentimiento, es esta: ¿en nombre de qué nos dejamos hacer? Como he mostrado, es en la experiencia del «dejarse hacer» por el otro, la cual me puede conducir a través de distintos niveles —desde el «dejarse hacer» consentido hasta el «dejarse hacer» del forzamiento del otro— donde creo que está el quid de la cuestión. Que un niño se deje hacer por un adulto abusador no resulta de ningún consentimiento sexual, sino de una confianza en el otro y a veces también del terror ante la idea de sustraerse a lo que ya se percibe como una efracción. O, si ello resulta de algún tipo de consentimiento, sería de un consentimiento al amor y al vínculo con el otro, como pacto en el fundamento mismo de la existencia. Es este consentimiento primario el que luego es traicionado por el abusador.

Cuando ya me encuentro al final de este viaje, la publicación del libro *La familia grande*,[1] de Camille Kouchner, me lleva de vuelta a las raíces de la enigmática experiencia del consentimiento, en esa zona del «dejarse hacer». Cada testimonio a través de la escritura abre nuevas posibilidades de decir. Se trata aquí, para Camille Kouchner, de testimoniar treinta años después un «dejarse hacer», cuando no tenía elección, pero que le vuelve en forma de «una inmensa culpa de existir».[2] La hermana fue convertida en cómplice, por parte de su padrastro, del abuso que él estaba cometiendo con su hermano gemelo. «Tenía catorce años y lo dejé pasar. Tenía catorce años y al dejar que ocurriera, es como si lo hubiera hecho yo misma. Yo tenía catorce años, lo sabía y no dije nada».[3]

El abuso puede comenzar subrepticiamente tan solo por lo que se escucha, por lo que se sabe y que llega a entrometerse en el seno de la vida íntima de un ser, en este caso de una adolescente de catorce años. «Él entró en mi habitación y con su ternura y nuestra intimidad, por la confianza que yo le tenía, con mucha dulzura, sin violencia, hizo que el

1. Camille Kouchner, *La familia grande*, op. cit.
2. *Ibid.*, pág. 122.
3. *Ibid.*, pág. 204.

silencio arraigara en mí».[4] El abuso aquí proviene del poder que silencia al sujeto sin que él se dé cuenta siquiera. Pero confiar cuando tienes catorce años es una condición sin la cual no puedes encontrar un lugar donde ser. Tener fe en las palabras de un ser en quien uno confía es también creer en el mundo. ¿Cómo existir de otra manera? Lo propio del perverso no es solo gozar del cuerpo de otro sin su consentimiento, sino también violar su mente haciéndole creer que, en el fondo, consiente ante lo que le destruye, consiente a esta abyección que se le impone. Aquí, mientras el hermano gemelo se convierte en víctima del incesto, la hermana también es víctima de otro abuso, uno que parece practicarse sin violencia y que le cose la boca. «Mi culpa es la del consentimiento. Soy culpable de no haber detenido a mi padrastro, de no haber entendido que el incesto estaba prohibido».[5]

¿Debemos pensar que la adolescente que calla —su hermano le dice: «si hablas me muero»—[6] consiente? Si consiente, ¿es porque obedece lo que el otro le pide? Las circunstancias en las que se produce el incesto ya condenan de antemano al adolescente al miedo. Su abuela acababa de suicidarse. Los cimientos del mundo adolescente tiemblan. Su madre se hunde en la depresión y ya no está allí para ella. Es este momento de angustia familiar el elegido por el adorado padrastro de Camille para pasar a la acción.

La niña de catorce años, por lo tanto, permaneció en silencio, estupefacta, bajo la influencia de aquel hombre que llegó para ocupar el lugar del padre a quien ella echa de menos. Enmudeció presa del temor de que surgiera otro drama, que se repitiera un suicidio en la familia, el de su madre, seriamente debilitada por la pérdida violenta de su propia madre. Este libro nos enseña que un sujeto no siempre tiene los medios para decir «no». La culpa de no haber podido decir «no», la

4. *Ibid.*, pág. 107.
5. *Ibid.*, pág. 126.
6. *Ibid.*, pág. 105.

culpa de haber dicho «sí» a algo que no entendía mientras guardaba silencio, es ahora lo que la persigue, es la hidra que la envena, como ella la llama. Ella no sabía que el incesto estaba prohibido. Pero ¿no le correspondía acaso al padrastro que tomó el lugar de un padre encarnar este tabú?

Esta inmersión en las raíces del consentimiento nos muestra que en el origen de toda culpa y de todo trauma sexual y psíquico hay una experiencia de «dejarse hacer» que le retorna al sujeto como un enigma. ¿En nombre de qué se dejó finalmente hacer? En nombre de lo que su propio padrastro mismo había bautizado la *familia grande*. Siempre hay un «en nombre de» que lleva a consentir y a hacer la vista gorda. Siempre hay un «en nombre de» que te empuja a dejarte hacer. Siempre hay algo «en nombre de» que invita a dimitir de ti mismo para defender la indivisibilidad de la familia, la indivisión de un amor imaginario, la indivisión de una comunidad.

Desobedecer

Pero es también «en nombre de» que el sujeto puede despertar un día y finalmente desobedecer frente a la sumisión que se había impuesto a sí mismo. Si es «en nombre de» la *familia grande* y del amor a su madre, un amor que se podría calificar con Christine Angot, como *amor imposible*,[7] que Camille Kouchner consintió en callar, es quizás también en nombre de lo que significa luego para ella ser hermana, en nombre de lo que también significa haberse convertido ella misma en madre y preocuparse por su transmisión, que Camille Kouchner logra desobedecer.

---

7. Christine Angot, *Un amour impossible*, Flammarion, París, 2015. [Trad. cast.: *Un amor imposible*, Anagrama, Barcelona, 2017].

Como Antígona, que no cederá y llegará hasta el final de lo que significa para ella asumirse al fin desde su propio lugar, Camille Kouchner escribe, treinta años después, sobre lo que había detrás de la *familia grande*. Este libro constituye un acto de valentía y plantea la cuestión de la desobediencia, en un contexto donde la libertad y el «prohibido prohibir» eran palabras clave del mundo de su autora. La fuerza de este relato reside también en mostrarnos lo que se puede esconder detrás de la reivindicación de la libertad, un desencadenamiento de goce que, finalmente, silencia al sujeto que desea otra cosa.

El miedo está siempre ahí cuando se trata de rasgar el velo de lo que parece constituir el mundo para alguien. El miedo es lo que hace que el sujeto prefiera cerrar los ojos ante lo que en ocasiones hace que el mundo sea inmundo, como decía Lacan. El precio a pagar por el acceder al propio «Yo» es entonces otro consentimiento, un consentimiento a correr el riesgo de perder finalmente un mundo en el que uno creía. Finalmente, treinta años después, Camille Kouchner logra romper este silencio y «envenenar a la hidra terminando este libro».[8]

La instrumentalización del consentimiento que encontramos en las ideologías totalitarias sería para la política lo que es la instrumentalización del consentimiento en la vida sexual. Porque, en definitiva, lo que está en juego es un pacto de confianza, tanto en el consentimiento íntimo como en el consentimiento político, y este pacto se funda en la relación con la palabra. En la peligrosa proximidad entre ceder y consentir se trata también de un borramiento, en mí misma, de las fronteras entre lo que puedo aceptar, lo que puedo dar, incluso lo que puedo sacrificar por el otro y lo que me destruirá.

¿Hasta dónde puede llevarme el consentimiento? ¿Debo ir tan lejos como para renunciar a mi propio deseo? Esta es quizás la señal de que está sucediendo algo a lo que en adelante puedo decir «no». Re-

8. *Ibid.*, pág. 204.

belarse es decir «no» y al mismo tiempo afirmar algo, decía Camus. La revuelta, el «no», es entonces como un despertar. El «no» es un franqueamiento que ya es al mismo tiempo un «sí».

Rebelarse, cuando el consentimiento ha conducido al trauma, es encontrarse a uno mismo.

Es afirmar: «Aquí estoy de nuevo», no he desaparecido. Es deshacerte del control, deshacerte de la vergüenza, deshacerte del miedo de perderte por segunda vez hablando. Esto supone a veces estar dispuesto a afrontar la pérdida de un mundo, el de la familia, el del amor, en nombre de un valor superior, que no es relativo a ningún otro y que es la posibilidad de decir «yo».

La revuelta, para dar a luz una posibilidad de alojar en algún lugar lo ocurrido, puede tomar la forma de un «no» colectivo. Pero también gana singularizándose. Así se abre a lo que solo se puede decir en primera persona y a un Otro en particular. Porque, en el fondo, lo que me ocurrió, me ocurrió a mí. Escribiéndolo, dirigiéndoselo a quien sabrá escucharlo, intentando decirlo, doy también un valor a la marca traumática, a lo que me ha marcado, sin dejar que nadie más hable por mí. Le doy tal valor, que no se lo revelaré a cualquiera, y cuando lo haga decidiré en qué condiciones. La escritura puede ser ese lugar propio que permite incorporarse al mundo del otro sin silenciar lo que ha irrumpido en el mío.

Estoy aquí. De nuevo. Puedo decir. En un lugar que se convierte para mí en el lugar del surgimiento de mi palabra.

Camus veía en la revuelta un movimiento auténtico cuyo alcance era tanto mayor si esta revuelta se mantenía fiel a su impulso inicial. Detrás del «no» hay también una afirmación del propio ser y un «sí». Es quizás en este punto donde el «Nosotros» debe dar paso a un «Yo» que logre enfrentarse a la historia íntima, en lo que tiene de decible y de indecible. En este punto también la lengua, con lo que tiene de poder y con sus fallas, logra situar el trauma.

Mientras escribía este libro sumergiéndome en las profundidades del consentimiento descubrí que en torno al consentimiento había una especie de vacío legal en el campo del derecho. La presunción del no consentimiento, cualquiera que sea la edad del individuo, no existe en la legislación francesa. Reconocer el no consentimiento, según una edad determinada, menoscabaría, desde el punto de vista del derecho vigente, la presunción de inocencia. Por lo tanto, habría que demostrar la falta de consentimiento. Solo la prueba de la coacción y el uso de la fuerza pueden establecer la falta de consentimiento.[9] La paradoja es que al tratar de demostrar el no consentimiento de un niño, niña o adolescente que ha cedido a una situación de abuso de poder, el trauma se redobla. Nuevamente, se instrumentaliza su consentimiento suponiéndolo en favor de quien provocó el trauma.

El punto al que he llegado muestra que limitarse a buscar la prueba del no consentimiento para afirmar la realidad de un abuso es malinterpretar la distinción entre ceder y consentir. Porque lo que es abuso es siempre una traición al consentimiento. La cuestión más íntima, y que ya no es competencia del ordenamiento jurídico, es en nombre de qué pudo el sujeto dejarse hacer.

Lo que retorna al sujeto como culpa es el punto en que un poder pudo haber sido ejercido apoyándose en su creencia de ser amado, o en una creencia en la indivisibilidad familiar, que generó un «forzarse» a sí mismo en respuesta —por extraño que parezca— al forzamiento del Otro.

Es quizás también ahí donde lo ocurrido no puede ser reparado exclusivamente en el marco de la justicia, aunque la legislación muestra en este punto un desconocimiento de las causas y las consecuencias psicológicas del abuso. Porque obtener el estatus de «víctima» no basta para recuperarse de un trauma. Por el contrario, negar este estatus supone enfrentarse por segunda vez al trauma, al no reconocerse lo que entonces es calificado de prejuicio. Entonces, aventurarse a decir algo

9. Véase en el Anexo.

a partir del punto en que mi consentimiento permitió una cesión también supone correr un riesgo, el de ahondar la falla del trauma. Camille Kouchner también pone de relieve este riesgo, el que se toma al hablar, al revelar lo ocurrido y ver —desde varios años antes de escribir su libro— cómo se vuelven contra uno quienes prefieren mantener los ojos cerrados.

Por eso, a veces, también es necesario devolverle su valor a una palabra que creía ya no tener ninguno. Esto es lo que hace el psicoanálisis. Desprenderse de ese «en nombre de» lo que uno se ha condenado al silencio significa atravesar el barullo de los discursos para redescubrir una palabra que retoma el hilo de lo real. Por eso el destinatario que elegiré y las palabras que entonces lograré hacer resonar por primera vez serán nuevos amarres para el ser.

Consentir a decir es vencer el miedo.

Consentir a decir es poder volver a sí dejando de huir ante la angustia.

Consentir a decir es leer esas huellas misteriosas que permanecen eternamente a la espera de ser deletreadas, como letras que han perdido su lugar de origen, que ya no pertenecen a ningún texto, a ninguna frase, a ningún alfabeto, solo letras que marcan el cuerpo y su forma de estar vivo, estigmas de lo irreversible.

Reanudar el consentimiento es decir, de nuevo, «sí».

ANEXO

Desde el punto de vista jurídico, el consentimiento, considerado como un acuerdo libre e informado, se presume adquirido cuando no existe coacción violenta. Es la falta de consentimiento lo que debe probarse. No hay edad para el consentimiento. En 2017 se habló de fijar una edad del consentimiento, instituir una presunción de no consentimiento y hacer que sea irrefutable, de modo que la de violación ya no se defina por el uso de la fuerza sino por la ausencia de consentimiento. Pero esto afectaba a la presunción de inocencia al invertir la carga de la prueba. Sobre esta cuestión, me remito a la conferencia de Annabelle Marie, abogada penalista del colegio de abogados de Grasse, en el marco de la jornada «Traumas sexuales», Association de la cause freudienne en Estérel Côte d'Azur, Niza, el 10 de octubre de 2020, de la cual reproduzco a continuación un extracto, publicado con su amable autorización.

«Es urgente actuar y establecer una edad de consentimiento y de no consentimiento. En Canadá, un niño menor de doce años no puede consentir a actividades sexuales. Entre los doce y los catorce años, puede consentirlo si y solo si la persona con quien lo practica no tiene más de dos años que él. Entre los catorce y los dieciséis años, el menor puede consentir a relaciones sexuales si su pareja tiene menos de cinco años de diferencia con él. Fuera de estos límites, el consentimiento prestado no es válido. En Francia, la situación es bastante diferente. La expresión "mayoría de edad sexual" no tiene realidad jurídica. En la mayoría de los delitos y faltas de carácter sexual, existe una circunstan-

181

cia agravante relativa a la edad de la víctima, en este caso, cuando el menor es menor de quince años, pero no existe edad de consentimiento. Por otra parte, el Consejo Constitucional recordó en febrero de 2015 que la ley francesa "no fija una edad de discernimiento, por lo que corresponde a los tribunales evaluar si el menor estaba en condiciones de consentir a la relación sexual en cuestión". El 25 de noviembre de 2017, el presidente de la República tomó posición y se pronunció a favor de una edad mínima de consentimiento fijada en quince años, "en aras de la coherencia y la protección de los menores". En el marco del proyecto de ley contra la violencia sexual y machista, en particular contra los menores, Marlène Schiappa, secretaria de Estado para la Igualdad entre mujeres y hombres, y Nicole Belloubet, ministra de Justicia, han propuesto fijar una edad de no consentimiento sexual, el umbral por debajo del cual se considera automáticamente que un niño no consiente a un acto sexual. [...] Lamentablemente, en 2018 el Consejo de Estado consideró que una edad mínima podría "atentar contra la presunción de inocencia" y, por lo tanto, ser declarada inconstitucional, lo que condujo al gobierno a abandonar esta medida. [...] Desde entonces se han presentado varios proyectos de ley y propuestas legislativas para [...] que el estado de estupefacción psíquica en que se haya encontrado una víctima pueda ser considerado como coerción moral, que se establezca una presunción de falta de consentimiento para los menores de quince años con el fin de invertir la carga de la prueba (es decir, ya no correspondería al menor de quince años demostrar que no consintió, sino al mayor de edad demostrar que sí)».

Bibliografía

Angot, C. (2015). *Un amour impossible*, Flammarion, París. [Trad. cast.: *Un amor imposible*, Anagrama, Barcelona, 2017].

Appelfeld, A. (2019). *Histoire d'une vie,* trad. V. Zenatti, Éditions de l'Olivier, «Points», París. [Trad. cast.: *Historia de una vida*, Península, Barcelona, 2005].

Camus, A. (1985). *L'Homme révolté*, Gallimard, «Folio essais», París. [Trad. cast.: *El hombre rebelde,* Random House, Barcelona, 2022].

Confucio (2014). *Entretiens*, trad. fr. A. Cheng, Seuil, «Points essais», París. [Trad. cast.: *Analectas*, Herder, Barcelona, 2020].

Deleuze, G. (1967). *Présentation de Sacher-Masoch*, Minuit, París. [Trad. cast.: *Presentación de Sacher-Masoch*, Amorrortu, Madrid, 2008].

Duras, M. (1976). *Le Ravissement de Lol V. Stein*, Gallimard, «Folio», París. [Trad. cast.: *El arrebato de Lol V. Stein*, Tusquets, Barcelona, 1987].

— (1984). *L'Amant*, Minuit, París. [Trad. cast.: *El amante*, Tusquets, Barcelona, 2010].

Ernaux, A. (1991). *Passion simple*, Gallimard, «Folio», París. [Trad. cast.: *Pura pasión*, Tusquets, Barcelona, 2019].

Fraisse, G. (2007). *Du consentement*, Seuil, París.

Freud, S. (1954). «Fragment d'une analyse d'hystérie (Dora)», trad. M. Bonaparte y R. Loewenstein, *Cinq psychanalyses*, Puf, París. [Trad. cast.: *Fragmento de análisis de un caso de histeria (Dora)* en *Obras completas*, vol. VII, Amorrortu, Buenos Aires, 2000].

— (1956). *Naissance de la psychanalyse*, trad. A. Berman, Puf, París.

— (1981). «Au-delà du principe de plaisir», trad. A. Bourguignon, *Essais de psychanalyse*, Payot, París. [Trad. cast.: *Más allá del principio del placer*, Akal, 2020, Tres Cantos].

— (2010). *Le Malaise dans la civilisation*, trad. B. Lortholary, Seuil, «Points essais», París. [Trad. cast.: *El malestar en la cultura*, Akal, 2017, Tres Cantos].

Freud, S.; Breuer, J. (1956). *Études sur l'hystérie*, trad. A. Berman, Puf, París. [Trad. cast.: *Estudios sobre la histeria*, en *Obras completas*, vol. II, Amorrortu, Buenos Aires, 1999].

Gantz, T. (2004). *Mythes de la Grèce archaïque*, trad. D. Auger y B. Leclercq-Neveu, Belin, París.

Gros, F. (2017). *Désobéir*, Albin Michel, París. [Trad. cast.: *Desobedecer*, Taurus, Barcelona, 2018].

Grocio, H. (1999). *Le Droit de la guerre et de la paix*, Puf, París. [Trad. cast.: *Del derecho de la guerra y de la paz*, Editorial Maxtor, Valladolid, 2020].

Kant, I. (1986). *Fondements de la Métaphysique des moeurs*, trad. V. Delbos, Delagrave, París. [Trad. cast.: *Fundamentación para una metafísica de las costumbres*, Alianza, Madrid, 2012].

Kouchner, C. (2021). *La Familia Grande*, Seuil, París. [Trad. cast.: *La familia grande*, Península, Barcelona, 2021].

La Boétie, E. (2016). *Discours sur la servitude volontaire*, GF-Flammarion, París. [Trad. cast.: *Discurso de la servidumbre voluntaria*, Libros del Zorro Rojo, Barcelona, 2022].

Lacan, J. (1974). *Télévision*, Seuil, «Champ freudien», París.

— (1975). *Le Séminaire, livre XX, Encore*, texto establecido por J.-A. Miller, Seuil, «Champ freudien», París. [Trad. cast.: *El seminario, libro 20, Aun*, Paidós, Barcelona, 2016].

— (1986). *Le Séminaire, livre VII, L'Éthique de la psychanalyse*, texto establecido por J.-A. Miller, Seuil, «Champ freudien», París. [Trad. cast.: *El seminario, libro 7, La ética del psicoanálisis*, Paidós, Barcelona, 2016].

— (1995). «Propos sur la causalité psychique», en *Écrits*, Seuil, «Champ freudien», París. [Trad. cast.: «Sobre la causalidad psíquica», en *Escritos 1*, Siglo XXI, Buenos Aires, 2010].

— (1995). «La psychanalyse et son enseignement», en *Écrits*, Seuil, «Champ freudien», París. [Trad. cast.: «El psicoanálisis y su enseñanza», en *Escritos 1*, Siglo XXI, Buenos Aires, 2010].

— (1995). «Kant avec Sade», en *Écrits*, Seuil, «Champ freudien», París. [Trad. cast.: «Kant con Sade», en *Escritos 2*, Siglo XXI, Buenos Aires, 2010].

— (2001). «Radiophonie», en *Autres écrits*, Seuil, «Champ freudien», París. [Trad. cast.: «Radiofonía», *Otros escritos*, Paidós, Buenos Aires].

— (2004). *Le Séminaire, livre X, L'Angoisse*, texto establecido por J.-A. Miller, Seuil, «Champ freudien», París. [Trad. cast.: *El seminario*, libro 10, *La angustia*, Paidós, Barcelona, 2006].

— (inédito). *Le Séminaire, livre XIII*, «L'objet de la psychanalyse».

Lançon, P. (2018). *Le Lambeau*, Gallimard, París. [Trad. cast.: *El colgajo*, Anagrama, Barcelona, 2019].

Laurent, E. (2020). «Remarques sur trois rencontres entre le féminisme et le non-rapport sexuel», *La Cause du désir*, vol. 1, nº 104.

Liberati, S. (2016). *Eva*, Stock, Le livre de poche, París.

Miller, J.-A. (inédito). «L'Un tout seul», curso impartido en el Departamento de Psicoanálisis de París 8 en 2011.

Orwell, G. (1972). *1984*, trad. A. Audiberti, Gallimard, «Folio», París. [Trad. cast.: *1984*, Debolsillo, Barcelona, 2013].

Ovidio (1966). *Les Métamorphoses*, trad. J. Chamonard, GF-Flammarion, París. [Trad. cast.: *Metamorfosis*, Cátedra, Madrid, 2005].

Proust, M. (1988). *La prisonnière, À la recherche du temps perdu*, tomo V, Gallimard, «Bibliothèque de la Pléiade», París. [Trad. cast.: *La prisionera*, en *En busca del tiempo perdido*, tomo 5, Alianza, Madrid, 2020].

— (1989). *Albertine disparue, À la recherche du temps perdu*, tomo VI, Gallimard, «Bibliothèque de la Pléiade», París. [Trad. cast.: *La fugitiva,* en *En busca del tiempo perdido,* tomo 6, Alianza, Madrid, 2020].

Quignard P. (2020). *L'Homme aux trois lettres,* Grasset, París. [Trad. cast.: *El hombre de tres letras,* Asociación Shangrila, Santander, 2021].

Regnault, F. (2020). «Laissez-les grandir!», *La Cause du désir,* vol. 2, n° 105.

Rey, A. (2000). *Dictionnaire historique de la langue française,* Le Robert, París.

Rousseau, J.-J. (1966). *Du contrat social,* GF-Flammarion, París. [Trad. cast.: *El contrato social,* Akal, Tres Cantos, 2016].

Springora, V. (2020). *Le Consentement,* Grasset, París. [Trad. cast.: *El consentimiento,* Lumen, Barcelona, 2020].

Woolf, V. (2018). «Un collège de jeunes filles vu de l'extérieur», *Rêves de femmes,* trad. M. Rivoire, Gallimard, «Folio», París.

Filmografía

Luz que agoniza [*Gaslight*] de George Cukor, 1944.
Vértigo [*Vertigo*] de Alfred Hitchcock, 1958.
El desprecio [*Le Mépris*] de Jean-Luc Godard, 1963.
El cazador [*The Deer Hunter*] de Michael Cimino, 1978.
La chaqueta metálica [*Full Metal Jacket*] de Stanley Kubrick, 1987.
Mulholland Drive de David Lynch, 2001.

Agradecimientos

Gracias a la primera persona que creyó inmediatamente en este libro, mi editora Monique Labrune, siempre alerta y atenta a la escucha del deseo, el mío.

Gracias a Noémie Stephan por su atenta y comprometida corrección de pruebas, y a Camille Auzéby por su apoyo y entusiasmo.

Gracias a Laurent Dupont, presidente de la École de la Cause freudienne, por la acogida que dio a mi texto «Céder n'est pas consentir» («Boussole clinique» del 14 de julio de 2020, en el marco de la preparación de las 50ª Jornadas de la ECF sobre «Ataques sexuales»).

Gracias a David Halfon, organizador de las jornadas de la Association de la Cause freudienne Esterel Côte d'Azur sobre «Les traumatismes sexuels» (Niza, 10 de octubre de 2020), que me invitó a hablar sobre esta delicada cuestión y a intercambiar con los miembros de la ACF.

Gracias a Bruno Durand por haberme hecho descubrir el mito de Tereo y Filomela.

Gracias al que me escuchó y me respondió durante la gestación de este ensayo, llevándome a desplegar lo que en mí estaba condensado, Xavier.

Gracias al alegre trío Hector, Éléonore y Fleur por su curiosidad y por su ya sensible compromiso en el debate de ideas.